本书为

国家重点文物保护专项补助经费资助项目

江苏省文物科研课题（课题编号：2021SK05）"以下邳故城遗址为中心的汉代聚落考古调查研究"课题专项补助经费资助项目

江苏地域文明探源工程之汉魏六朝时期城址、陵墓研究子课题

南京博物院重点项目汉晋下邳国研究课题

成果之一

东汉下邳国考古调查报告

南 京 博 物 院
睢宁县博物馆 　编著

文物出版社

图书在版编目(CIP)数据

东汉下邳国考古调查报告 / 南京博物院, 睢宁县博
物馆编著. -- 北京：文物出版社, 2024.11. -- ISBN
978-7-5010-8579-8

Ⅰ. K878.35

中国国家版本馆CIP数据核字第2024HM4712号

东 汉 下 邳 国 考 古 调 查 报 告

编　　著：南京博物院
　　　　　睢宁县博物馆

封面设计：秦　彧
责任编辑：秦　彧
责任印制：王　芳

出版发行：文物出版社
社　　址：北京市东城区东直门内北小街 2 号楼
邮　　编：100007
网　　址：http://www.wenwu.com
邮　　箱：wenwu1957@126.com
经　　销：新华书店
印　　刷：北京荣宝艺品印刷有限公司
开　　本：889mm×1194mm　1/16
印　　张：12.5
版　　次：2024 年 11 月第 1 版
印　　次：2024 年 11 月第 1 次印刷
书　　号：ISBN 978-7-5010-8579-8
定　　价：280.00 元

编委会

考古调查项目负责人

南京博物院：马永强

考古调查、勘探

南京博物院：徐　勇

睢宁县博物馆：姬长飞　徐　娟

技　　　工：刘乃良　吕真理　张徐州

考古资料整理

姬长飞　吕真理　潘明月

目　录

插图目录

插表目录

彩版目录

第一章　前言

古邳，古之邳地，属徐州之域。战国时期，齐威王封邹忌为成侯于下邳，古邳才始称"下邳"。公元前202年，韩信改封楚王，都下邳。东汉更临淮郡为下邳国，治下邳。此后又经历了曹魏时期下邳国、晋武帝时期下邳国两个阶段。

2014年，南京博物院、睢宁县博物馆开始对下邳故城遗址开展考古工作。迄今，已近10年，明确了下邳故城遗址的位置、范围、平面布局和基本内涵，确认了汉代下邳国首县城址即下邳故城遗址。

为进一步了解下邳故城遗址、了解东汉下邳国，2021年申报、立项了江苏省文物科研课题（课题编号：2021SK05）"以下邳故城遗址为中心的汉代聚落考古调查研究"，重点对睢宁县境内汉代文物遗存进行全面调查。

经过对睢宁县辖域的全面考古调查与勘探，发现了一些新的文物遗存点，取得了新的收获，对东汉下邳国有了进一步的了解。

一　研究概况

对于汉代下邳国的研究，主要可分为两个方面：基于文献的历史地理学研究和基于考古调查、勘探与发掘的考古学相关研究。

历史地理学研究的成果较少，仅在少量研究性论文中有所提及，没有专题性的讨论与分析，研究成果零散、稀少，不成系统。主要有：谭其骧《中国历史地图集》[1]、钱大昕《廿二史考异》[2]、史念海《两汉郡国县邑增损表》[3]、辛德勇《秦汉政区与边界研究》[4]、李晓杰《东汉政区地理》[5]、赵海龙《东汉侯国地理研究》[6]、何丽华《东汉封君、封地考察》[7]、周明泰《后汉县邑省并表》[8]、杨曾文《东汉佛教与徐州下邳》[9] 等。

[1] 谭其骧主编：《中国历史地图集》，中国地图出版社，1982年。

[2] （清）钱大昕：《廿二史考异》，凤凰出版社，2023年。

[3] 史念海：《两汉郡国县邑增损表》，《禹贡》1934年第1卷第8期。

[4] 辛德勇：《秦汉政区与边界地理研究》，中华书局，2009年。

[5] 李晓杰：《东汉政区地理》，山东教育出版社，1999年。

[6] 赵海龙：《东汉侯国地理研究》，2015年郑州大学硕士学位论文。

[7] 何丽华：《东汉封君、封地考察》，2003年安徽师范大学硕士学位论文。

[8] 周明泰：《后汉县邑省并表》，《二十五史补编》，中华书局，1955年。

[9] 杨曾文：《东汉佛教与徐州下邳》，《法音》2015年第1期。

随着考古工作的开展，在下邳故城遗址周边发掘了一批与下邳国有关的墓葬，如睢宁九女墩画像石墓、刘楼汉墓、双孤堆汉墓、官山汉墓、邳州河湾汉代墓地等，才使下邳国的研究有了实体资料的支撑，形成了文献研究与考古发掘资料相结合的综合研究，但亦属单个文物点的独立讨论。成果主要有徐娟《下邳国王陵初考》[1]、何旭《徐州睢宁下邳故城研究》[2]、周晓陆《西晋太康元年下邳淮浦砖铭跋》[3]、李鑑昭《江苏睢宁九女墩汉墓清理简报》[4]、睢文《江苏省睢宁县刘楼东汉墓清理简报》[5] 等。

近年来，南京博物院对下邳故城的考古发掘工作取得了较大成果，不仅勘探确认了汉代下邳国首县下邳城城址的位置，而且对城址城墙、护城河、城内堆积进行了发掘。由此，汉代下邳国研究进入了新的阶段，开始以汉代下邳故城作为主要研究对象，逐步形成以之为中心的汉代聚落考古模式，全面、系统地探索下邳国。目前主要成果有《2014～2018 年度下邳故城遗址调查、勘探发掘简报》[6]、《睢宁古邳与下邳古城》[7]、《画像石中的汉代下邳国》[8]。

二　调查研究目标

本次调查，拟通过聚落考古的调查研究方法，对汉代下邳国治域范围内的文化遗存进行全面的调查，主要是以下邳故城遗址为中心的考古调查，即是对睢宁县范围内的全面调查。结合下邳故城遗址的考古成果，对该区域汉代文明进行研究。拟解决以下学术问题：

（1）继续进行以汉代下邳故城为中心的考古调查与勘探工作，了解其周围的汉代遗址、聚落分布情况。

（2）在文献资料研究的基础上，进行全面的城址、聚落调查，分析下邳国的治域范围和地望。

（3）继续进行汉代下邳王陵的调查与勘探工作，了解东汉时期诸侯王陵陵园的规模、布局结构等。

（4）对下邳国治域范围内王陵、贵族墓葬、平民墓葬的分布、形制、随葬品等方面的调查、研究，了解汉代下邳国的葬制、葬俗。

（5）对城址周围的汉代手工业遗址的调查，分析汉代下邳国手工业的分类、分布及制造工艺等情况。

（6）对下邳国治域范围内的宗教文化遗存、古河道、古道路等调查，了解汉代该区域内的宗教、交通等问题。

---

[1]　徐娟：《下邳国王陵初考》，《丝绸之路》2013 年第 2 期。

[2]　何旭：《徐州睢宁下邳故城研究》，《长春理工大学学报（高教版）》2009 年第 4 期。

[3]　周晓陆：《西晋太康元年下邳淮浦砖铭跋》，《考古》1996 年第 5 期。

[4]　李鑑昭：《江苏睢宁九女墩汉墓清理简报》，《考古通讯》1955 年第 2 期。

[5]　睢文、南波：《江苏省睢宁县刘楼东汉墓清理简报》，《文物资料丛刊·4》，文物出版社，1981 年。

[6]　南京博物院、睢宁县博物馆：《2014～2018 年度下邳故城遗址调查、勘探发掘简报》，《东南文化》2022 年第 4 期。

[7]　姬长飞、马永强：《睢宁古邳与下邳故城》，《大众考古》2018 年第 11 期。

[8]　徐娟、孟强、姬长飞：《画像石中的汉代下邳国》，《大众考古》2023 年第 2 期。

三 调查研究基本思路与方法

1. 调查研究基本思路

（1）文献、考古资料的收集、整理与初步分析

全面收集有关下邳、下邳国的文献及睢宁县境内的调查、勘探、发掘资料，分类整理。结合睢宁县文物普查情况，对文献进行梳理、分析，利用传统考古地层学和类型学对相关遗迹、遗物资料进行初步研究，划分调查区域、确定调查方案、制定计划。

（2）实地口碑调查、踏查与勘探

以聚落考古的思路，对睢宁县全境进行调查，对重点文物遗存进行考古勘探。采用考古口碑调查、实地踏查的方法，对睢宁县辖域进行全面普查，结合科技手段，最大限度地获得文物遗存信息，并对文物点进行详细的勘探，确定其时代、性质及内涵，获取翔实的第一手资料。

（3）整合基础信息，综合研究

以原始调查资料为基础，分析总结下邳故城遗址及相关文化遗存的分布规律、结构特征、保存状况及内在联系。利用考古、历史文献和历史地理学相结合的"三重证据法"对下邳国相关问题进行综合分析，剖视、复原历史。

（4）落到实处，使研究成果服务于社会

分析当地百姓的文化需求、旅游资源等因素，对遗址的利用提出建议，让考古成果为社会发展服务，实现考古惠民的目的。

2. 研究方法

采用混合方法研究（Mixed Methods Research, MMR）范式。前期主要利用传统考古学的地层学和类型学方法把调查、勘探和发掘获得的基础资料进行初步分析整理，中期利用文化因素分析法、科技考古学方法、三重证据法对相关问题进行分析研究获得基础研究成果，后期则综合分析，宏观把握考古调查和勘探的意义，为汉代下邳国研究提供重要支撑。

四 调查工作法规依据

1. 考古调查、勘探工作的法律依据

（1）《中华人民共和国文物保护法》（2017年）。

（2）《中华人民共和国文物保护法实施条例》（2017年）。

（3）《关于在国土空间规划编制和实施中加强历史文化遗产保护管理的指导意见》（2021年）。

（4）《江苏省文物保护条例》（2017年）。

（5）《江苏省历史文化名城名镇保护条例》（2019年）。

2. 考古调查、勘探工作的技术依据

（1）《田野考古工作规程》（国家文物局 2009 年）。

（2）《考古勘探工作规程（试行）》（国家文物局 2017 年）。

（3）《中华人民共和国文物保护行业标准（WW/T0035-2012）——田野考古制图》（2012 年）。

（4）《田野考古钻探记录规范（WW/T0075-2017）》（2017 年）。

五　人员组成与分工

2022 年 4 月，考古调查、勘探研究团队正式组建。人员组成与分工如下。

项目负责人：马永强。现场负责：姬长飞、徐勇。项目协调：姬长飞。摄影：姬长飞。航拍、测绘：吕真理、徐勇。资料整理：吕真理、姬长飞、徐勇。勘探技术人员：刘乃良、魏胜云、李高志。后勤保障：刘乃良。

六　设备保障

考古调查、勘探工作设备配备齐全。除基础性的考古发掘探铲、手铲、刮铲等工具以外，还有笔记本电脑、RTK、航拍飞机、数码相机、扫描仪、打印机等电子设备。

本次考古工作所用设备按照功能和用途的不同，可以分为提取土样和标示遗迹工具，如普通探铲、破障铲、铁锹、锄头、干石灰粉、石灰漏斗、木桩、锤子、白线、塑料薄膜袋、塑料自封袋，用作勘探和提取土样及布线等；测量绘图记录工具，如皮尺、钢尺、三角板、量角器、米格纸、日记本、标签、铅笔、不同颜色中性笔，用作工作笔记、测量数据以及不同的标记等；摄影拍照设备如带有摄像功能的照相机、遮光板、方向标、标杆、土样垫板等；测绘航拍设备如 RTK、无人机等（彩版一，1、2）。

1. 部分工作设备

2. 项目用车

彩版一　调查设备

第二章　概况

第一节　地理环境与历史沿革

一　地理环境

睢宁县位于江苏省西北，徐州市东南，地理坐标为北纬33°40′～34°10′、东经117°31′～118°10′。县城距徐州市云龙区80千米，东邻宿迁市，西接铜山区，南、西部与安徽泗县、灵璧县相邻，北与邳州市毗邻。

睢宁县地处沂蒙山脉与淮海平原之交，总地势是由西北向东南缓缓倾斜，比降率为万分之一点零八。县内除西北、西、西南部有零星低山残丘外，其余均为黄泛冲积平原。平原地区的平均海拔28.3米，西北最高海拔37.2米，东南最低海拔18.5米。县内北部黄河故道横贯东西，成为县内南北天然分水脊。全县土地总面积1769平方千米。其中，平原1666平方千米，占总面积的94.2%；丘陵（石山）面积20.4平方千米，约占总面积的1.2%；水域面积83平方千米，占总面积的4.7%。总的地貌可分为黄泛冲积平原和零星低山残丘两种类型。

下邳故城遗址位于睢宁县西北古邳镇。古邳镇位于邳睢交界的岠山南麓，北连邳州市土山镇、八路镇，东接宿迁市宿豫区皂河镇，南与睢宁县魏集镇、姚集镇连成一片。黄河故道从古邳镇南侧穿过，S251省道、X203皂伊线在古邳镇交会，交通便捷，地理区位优势明显。

古邳历史上为"古下邳""古邳州"，自古便是兵家必争之地和商贾云集中心，是中原东部古黄淮地区的政治、经济、文化和军事中心。总的地势是西北高、东南低。县内除西北有零星低山残丘外，其余均为黄泛冲积平原。山丘高度一般海拔较低，坡度平缓，其中岠山海拔213米，是全县最高处。平原地区的平均海拔28.3米，南部黄河故道横贯东西，成为县内南北天然分水脊。古邳镇地属中纬度，是季风暖温带陆地性气候。在太阳辐射、大气环流、地貌特征的综合作用下，其气候四季分明。春季温度回升快，天气多变；夏季高温多雨；秋季降温早；冬季干冷，雨雪稀少。四季中春、秋季短，冬、夏季长。由于受季风气候的影响，县内常出现水涝、干旱、大风、冰雹等自然灾害。历年以来年平均气温14.0℃，年平均降水量867.8毫米，年均日照时数2318.6小时。

二　历史沿革

睢宁县早期文明最晚可追溯至新石器时代。境内大汶口、龙山文化时期的鸡宝泉遗址证明已有先民在此劳作、生息、繁衍。古邳镇居睢宁县北，古属邳地，曾称邳国、下邳郡、下邳国、邳州、邳县。

夏朝禹分九州，邳属徐州；禹封车正官奚仲为侯，先居于薛（山东薛城），后迁于邳，建立邳国。夏王仲康七年，后羿作乱，太子相依靠邳侯帮助，赶走后羿族，即位。寒浞又杀帝相，把持夏政，邳国亡。

商朝约公元前16世纪，奚仲十二世孙仲虺辅商汤灭夏桀，封为相居于薛，建邳国，辖邳地。

周代约公元前11世纪，邳地属徐国。公元前334年，齐威王封邹忌为下邳成侯，始称"下邳"。

公元前221年，秦统一六国，于邳置县，史称下邳县。

西汉高帝五年（公元前202年），封韩信为楚王，治下邳。次年废除韩信王号，封刘交为楚元王，治彭城。分下邳为武原（今邳州泗口北）、良城（今邳州陈楼以北）、下邳三县隶属楚。汉景帝后元二年（公元前142年）后，下邳、良城改属东海郡。汉武帝元狩六年（公元前117年）置临淮郡，下邳属临淮。武帝元封五年（公元前106年）置十三刺史部，武原、良城、下邳三县归徐州（治所在薛）刺史部。王莽始建国元年（9年）改下邳为润俭，良城为承翰，武原为乐亭，三县属徐州（治所在下邳）。

东汉光武帝建武五年（29年），光武帝攻克彭城、下邳，吴汉拔郯城，遂置徐州刺史部于郯，领下邳郡。旋改下邳郡为临淮郡，下邳、良城归临淮，武原属彭城。汉明帝永平十五年（72年），取消临淮郡，置下邳国，治下邳，领17县：下邳、良城、徐县（睢宁徐城镇）、僮县（睢宁西北）、睢陵（睢宁东北）、下相（宿迁）、淮阴（今淮阴区）、淮陵（淮阴北）、淮浦（淮阴东南）、盱眙（盱眙西北）、高山（淮阴西）、潘旗（宿迁北）、取虑（睢宁北）、东城（盱眙东）、曲阳（宿迁西）、司吾（新沂市）、夏丘（沛县东）。汉献帝初平四年（193年）陶谦任徐州牧，治下邳（现睢宁县古邳镇）。下邳人阙宣聚数千人与陶谦共举兵反，曹操杀陶谦，任刘备为徐州牧，治下邳，备命张飞守之。汉献帝建安元年（196年），吕布袭张飞，得下邳，自称徐州刺史。次年曹操、刘备攻破下邳，擒杀吕布于白门楼（现睢宁县古邳镇）下。献帝建安四年（199年），刘备杀徐州刺史车胄，夺下邳，命关羽守之，代太守职。次年曹操攻下邳，关羽降曹，下邳入魏。

魏黄初三年（222年），曹操子、鲁阳公曹宇进封下邳王，治下邳。黄初五年（224年），曹宇改封单父县，下邳国除为郡。晋武帝太康元年（280年）置下邳国，领7县：下邳、良城、凌（睢宁东）、睢陵、夏丘、取虑、僮。晋成帝咸和元年（326年）济民太守刘闽杀下邳内史夏侯嘉降石勒，下邳入赵，改置下邳郡。

南北朝宋武帝永初元年（420年），刘裕建立宋朝，次年置下邳郡，领下邳令，南彭城太守领武原令。宋孝武帝大明四年（460年），置下邳太守，领下邳令、良城令、僮令。北魏孝明帝孝昌元年（525年），置东徐州治下邳。梁武帝中大通五年（533年），北魏建义城主兰宝杀东徐州刺史崔庠，降梁，梁置武州治下邳。东魏孝静帝武定八年（550年），复置东徐州治下邳。

领 4 郡、16 县。下邳郡辖：下邳、良城、僮、坊亭（睢宁西境）、栅渊（宿迁境）、归正（分下邳置）6 县。陈宣帝太建七年（575 年），陈将樊毅伐北齐克下邳，陈改东徐州名安州。北周宣帝大成元年（579 年），徐州、淮南之地尽没于北周，周改安州为邳州，领下邳、归正二县。

隋炀帝大业三年（607 年），改置下邳郡，领：宿豫（宿迁）、夏丘、徐城（今泗洪北）、淮阳（今淮阴北）、下邳、良城、郯城（今郯城县）6 县。废除归正县。

唐高祖武德四年（621 年），置邳州，领下邳、良城、郯城 3 县。属徐州总管府。太宗贞观元年（627 年），废除邳州，置下邳县；省郯城、良城二县，析泗州之淮阳入下邳，隶于泗州。宪宗元和四年（809 年），下邳隶于徐州。

五代时期（907 ～ 960 年），下邳县属武宁军，隶于徐州。

宋太宗太平兴国七年（982 年），置淮阳军治下邳。领下邳、宿迁 2 县，属京东路。

金太宗天会七年（1129 年）置邳州刺史，领下邳、兰陵、宿迁 3 县，属山东西路。金宣宗贞祐三年（1215 年），邳州隶于河南路。金宣宗兴定五年（1221 年），命蒙古纲移山东行省于邳州。

元朝初年，并下邳、兰陵、宿迁 3 县入邳州。元世祖至元十五年（1278 年）邳州领下邳、宿迁、睢宁 3 县，仍属淮安府。

明太祖洪武初年，邳州隶于凤阳府。太祖洪武十五年（1382 年），邳州属淮安府，仍领宿迁、睢宁 2 县。改葛峄山为岠山。

清世祖顺治二年（1645 年），置江南省（今江苏、安徽东部），邳州随淮安府隶之。康熙五年（1666 年），邳州随淮安府直隶于江南省。康熙七年（1668 年），位于郯庐地质断裂带的鲁南莒州、郯城发生大地震，地震导致河决，邳州城沉于水，其地曰"旧城湖"。康熙二十八年（1689 年）迁建邳州城于艾山之阳，即今邳州市邳城镇。雍正二年（1724 年），升邳州为江苏省直隶州。领宿迁、睢宁 2 县。雍正十一年（1733 年），升徐州为府，邳州改属徐州府。睢宁、宿迁二县属徐州府。

1940 年，析邳县之陇海铁路以南，置邳南行署，隶于八路军运西办事处。1942 年，邳南行署改为邳南县，隶于邳、睢、铜、灵连防办事处；同年改为邳睢县，隶于淮北第三专署。

1948 年 11 月 22 日，邳县解放，设立邳睢县，邳睢县以邳县的陇海铁路以南地区和睢宁县西部地区及铜山县东南部地区三部分为其行政区域组建而成，隶属皖北宿县专区。1949 年 5 月改属苏北行署区淮阴专区。1953 年江苏省复建之后，撤消邳睢县建制，原属邳睢县的古邳镇析归睢宁县。1983 年 3 月，实行市管县体制，睢宁县隶属徐州市。

第二节　考古调查与勘探

一　资料收集与调查

2022 年 4 月～ 2023 年 1 月，资料收集与梳理。通过对古文献、地方志、古旧地图、旧影像、研究成果及历次文物普查等资料全面、系统地搜集和整理，了解整个睢宁县的历史背景、历史变迁和重要历史事件，对历史文献资料记载的相关的古渡口码头、历史村落民居、古桥梁、古庙宇、古墓葬、战争遗迹、江（河）堤、圩堤等类文物资源的分布情况进行深度摸底排查，深入了解睢宁县各类文物资源情况，并对收集到的相关资料进行梳理、汇总、分析。

　　本次考古调查对于睢宁县 15 个镇、3 个街道的村庄与每个社区进行"拉网式"调查。调查通过口碑调查与踏查的方式进行。口碑调查采用走访和组织交流的方式，并做好文字和影像记录。实地踏查阶段，调查人员间隔 5 米左右，呈"一"字队形排列，徒步完成调查区域，并尽可能地利用断崖剖面观察文化层堆积，掌握更准确的信息。通过口碑调查、实地踏查、断面观察、无人机航拍等方式对调查区域内的地形地貌、文物遗存分布、地层堆积情况进行了解与认识（彩版二、三）。为后续的考古普通区域勘探、重点区域勘探位置的确定提供科学依据。

1. 走访口碑调查

2. 踏查工作照

彩版二　调查工作照

1. 勘探工作照

2. 鸡宝泉遗址钻探

3. 巨山后王遗址钻探

彩版三　调查工作照

二　考古勘探

1. 确定坐标原点、构建测绘系统

为有效开展实际勘探及相关数据的采集，确定坐标原点、划分勘探单元、构建勘探测绘系统。以地块的南边界为横轴，西边界为纵轴，两线相交处即为勘探区域的虚拟坐标基点。一般来说该基点的坐标为第一勘探单元的西南角坐标，依次参照平面直角坐标系，完成勘探区域每个勘探单元的划分工作（图一、二）。

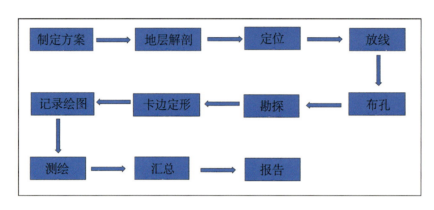

图一　勘探工作流程

2. 划分勘探单元

依据国家文物局于 2017 年颁布的《考古勘探工作规程》（试行）要求，结合勘探区域现状，采用划分勘探单元的方式进行勘探，以虚拟坐标为基点，一般以 100 米 ×100 米为一个空间单位，将整个勘探区域划分为若干勘探单元，按要求对勘探单元进行编号、测绘、记录每个勘探单元的四角坐标和高程。例如墓葬区勘探单元设置西南角为基点建立临时控制点，构建测绘控制系统，利用 RTK 布设勘探单元，勘探单元编号列为：U1、U2、U3……，覆盖整个勘探区域。

3. 探孔布设

为了保证工作的质量及考古勘探工作有序开展，在勘探工作进行之前先进行布孔。以每个勘探单元的西南点为基点进行放样、布孔。每个勘探单元内布设 5 米等距探铲孔，每个探孔之间布设 1 米间距探针孔。探孔编号以大的勘探区为单元，建立编号系统，探孔用"TK"表示，"A"为横坐标，分别为"A01、A02……""B"为纵坐标，分别为"B01、B02……"如第 2 列、第 4 行探孔编号为"TKA02B04"。

对于遗址勘探，首先确定遗迹范围，东西与南北方向中心部分交会形成"十"字勘探，东西方向由东向西钻探"E"为坐标，南北方向由北向南钻探"N"为坐标，探孔用"TK"，如东西

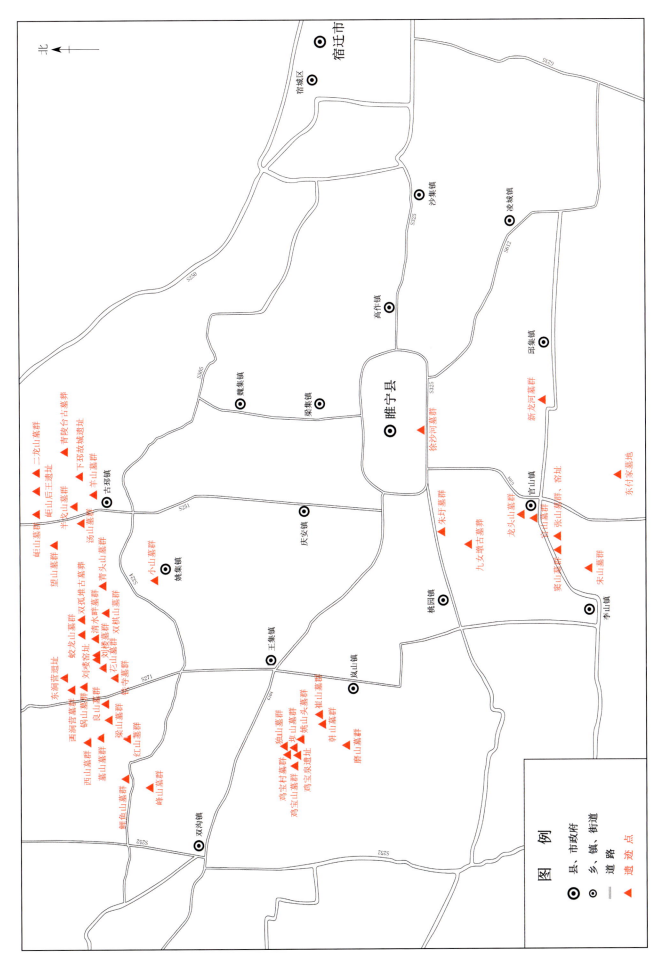

北

宿迁市

宿城区

沙集镇 S325

凌城镇 S012

高作镇

邱集镇

睢宁县

魏集镇 S305

梁集镇

徐沙河墓群 S325

新龙河墓群

东付家墓地

官山镇 G001

张山墓群、窑址

二龙山墓群

岠山后王遗址

青陵台古墓群

下邳故城遗址

羊山墓群

崛山墓群

望山墓群

羊化山墓群

岠山墓群

汤头山墓群 双桃山墓群

朱圩墓群

龙头山墓群

九女墩古墓群

S251

庆安镇

小山墓群

姚集镇 S324

蛟龙山墓群

双孤堆古墓址

清水墩墓群

刘凌窑址

刘陵墓群

花山墓群

华寺墓群

东陇营遗址

西陇营墓群

锅山墓群

梁山墓群

良山墓群 S271

朱山墓群

婴山墓群

桃园镇

王集镇

岚山镇

崖山墓群

油山墓群

堂山墓群

韩山墓群

G009

西山墓群

龚山墓群

红山墓群

鲤鱼山墓群

峰山墓群

姚山头墓群

鸡宝村墓群

鸡宝山墓群

鸡宝泉渠遗址

腾山墓群

李山镇

S252

双沟镇

S252

图 例

◉ 县、市政府
⊙ 乡、镇、街道
— 道 路
▲ 遗 迹 点

图二 调查区域和古墓葬、遗址点分布示意图

方向第一个探孔为"ETK01"，南北方向第一个探孔为"NTK01"，探孔间距由实际情况而定。

4. 勘探与地层堆积断面观察

根据勘探区域实际情况，依据布孔进行全面勘探。对于发现的重要遗迹，适当进行重点勘探，了解遗迹的范围、性质。为确保地下文物安全，尽可能地少做穿透性勘探。

对于勘探区发现的地层堆积断面，需进行刮铲、观察、绘制剖面图和照相记录。如有发现包含物，按层位、遗迹登记采集。

5. 资料整理

资料整理工作可分为前期调查、勘探资料的整理和调查结束后的资料整理两个部分。

在走访调查与踏查过程中，资料员需对每天的工作做好详细记录。对发现的遗迹点做好定位。在勘探工作进行过程中，对工作环境、工作现场、提取的土样、遗迹性质、采集遗物等进行拍照，并编号记录详情。现场对逐孔勘探的土样，以土色、土质、包含物、厚度等做好详细记录。对发现的遗迹绘制成平面图，绘图根据卡边定形后遗迹的详细数据，运用合适比例绘制。对该勘探单元内的横、纵剖线探孔资料进行登记造表，并根据探孔资料，绘制勘探区的横、纵剖面图。

根据勘探工作的进度，每天及时整理当日资料，分门别类，按照不同的资料性质属性，分配到不同的文件夹，如照片、探孔资料等。在单项调查、勘探工作结束后，现场负责人负责检查、验收现场工作及资料，对已完成相关资料及时总合、分类、归档。

调查、勘探工作全面结束后，全员对调查、勘探资料进行核对，并整理，形成调查报告。

本次汉代下邳国的考古调查覆盖了整个睢宁县，复查了三普资料内的所有汉代文物遗存点，共调查汉代墓葬（群）43个、遗址4个、窑址2个（图二），包括新发现的汉代文物遗存点10个。

第三章 遗址调查

本次共调查汉代遗址 4 个，分别为下邳故城遗址、鸡宝泉遗址、巨山后王遗址和东涧营遗址。

一 下邳故城遗址

（一）遗址概况

下邳故城遗址位于睢宁县古邳镇东北（图二）。北部紧邻民便河，西距半戈山约 1.8、西南距古邳镇约 1、西北距峄山 1.5、南距故黄河约 2.3 千米。中心地点地理坐标为北纬 34°07′43″、东经 117°53′37″，中心高程 30 米。

下邳故城曾称下邳旧城、下邳古城，清咸丰《邳州志·卷之十九》载："下邳故城在旧城东三里，西距葛峄山六里，本秦汉时旧治也。"《宋武北征记》："下邳城凡三重，大城周十二里半，其南门曰白门，中城周四里，吕布所筑，南临白门。建安三年曹操引沂、泗二水灌城，擒布斩之。白门楼下又有小城，累壁坚峻，周二里许，相传石崇所筑。州城西又有一小城，周三百四十步，相传亦崇所筑也。"

下邳故城遗址年代为汉代至明清时期，文化堆积厚达 7 米。1991 年下邳旧城遗址被公布为睢宁县县级文物保护单位，2019 年 3 月，下邳古城遗址被江苏省政府公布为第八批江苏省文物保护单位，同年 10 月，被公布为第八批全国重点文物保护单位。现有保护面积 2 平方千米。

（二）城址

2014 年至今，南京博物院、睢宁县博物馆联合对下邳故城遗址开展调查、勘探和发掘工作。经过调查、勘探发现，下邳故城遗址由东、西两座城址组成。经解剖、发掘，确认西城时代为魏晋至明清时期下邳故城，东城为汉代下邳故城（图三）。

下邳故城遗址东城平面近长方形，南北长约 1400、东西宽约 950 米。城墙夯筑，夯土中夹杂大量石块颗粒，包含少量绳纹陶片、红烧土颗粒、草木灰等。距地表深 0.5～1.2、残高 5.5、顶宽 12～16、底宽 28～32 米（图四）。城墙外有护坡和护城河。护坡距地表深 6.1～6.3、宽 9.5、厚 1.05 米。护城河开口距地表深 6.3～7.4、宽 23.5、深 3.2 米。

据土质土色，城址内文化层堆积可分为两层。

第①层：黄色淤积层。厚 6.5～7 米。土质纯净，未见包含物。黄泛淤积层。

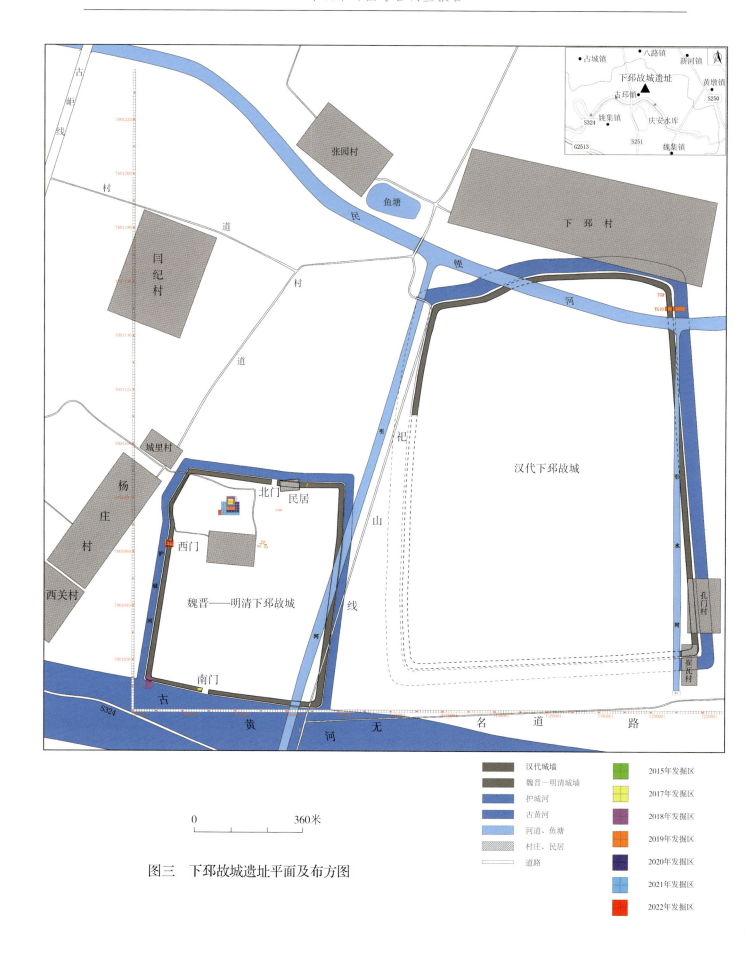

0　　　　　　360米

图三　下邳故城遗址平面及布方图

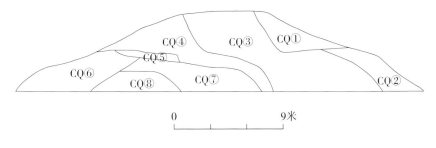

图四　汉代城址城墙剖面图

第②层：灰黑色文化层。厚0.5～1米。土质较软，包含红烧土颗粒等，出土了典型的汉代筒瓦、板瓦残片。为汉代文化堆积。

以下未发掘。

根据城址外地层堆积、城墙夯土及城内地层出土的汉代筒瓦、板瓦残片，认为该城址为汉代下邳故城城址。

故而，下邳故城遗址的时代上限最晚可追溯至汉代（图五），汉代下邳故城应为东汉下邳国之首县下邳城。

2019年，在城址西侧发现了东汉时期的炼铁遗存。经过数年的发掘，清理出与炼铁相关的窑炉6座，另发现房址、道路、铁锭堆积等遗迹，出土大量铁锭、铁蒺藜、铁犁、铁刀等包含物。据《汉书·地理志》记载西汉全国共设置有专营铁器生产和销售的铁官49处，下邳铁官居其一。关于下邳故城的炼铁铸铁遗存，可见少量文献和考古资料。《后汉书》志第二十一载："下邳本属东海。葛峄山，本峄阳山。有铁。"尹湾汉简《定簿》记："下邳铁官有啬夫五人，佐有九人。"可见，汉代下邳国境内具有铁矿，且设置有铁官。

下邳故城遗址前期相关考古成果《2014～2018年度下邳故城遗址调查、勘探发掘简报》[1]已发表。

二　鸡宝泉遗址

（一）遗址概况

鸡宝泉遗址位于睢宁县岚山镇陈集村西北约2千米（图二；彩版四，1、2）。地处山涧冲击带，四面环山，因附近有一泉名鸡宝泉而得名。遗址区域表土为深灰色，主要种植小麦、玉米、大豆等农作物。

西北角坐标为北纬33°57′56″、东经117°40′14″，东北角坐标为北纬33°57′56″、东经117°40′26″，西南角坐标为北纬33°57′49″、东经117°40′14″，东南角坐标为北纬33°57′49″、东经117°40′26″。中心坐标为北纬33°57′53″、东经117°40′18″，海拔约30米。

2011年11月13日，该遗址被公布为县级文物保护单位。

[1]　南京博物院、睢宁县博物馆：《2014～2018年度下邳故城遗址调查、勘探发掘简报》，《东南文化》2022年第4期。

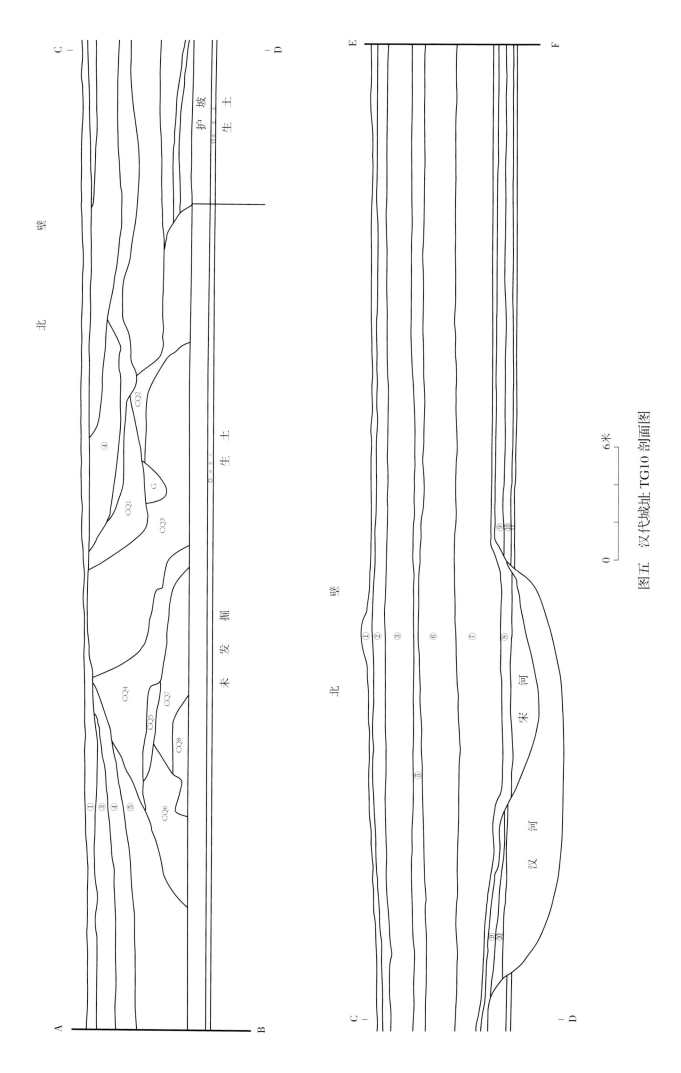

图五　汉代城址 TG10 剖面图

1. 鸡宝泉遗址保护碑（南→北）

2. 鸡宝泉遗址现状（西北→东南）

彩版四　鸡宝泉遗址现状及保护碑

（二）遗址范围与地层堆积

1. 遗址范围

鸡宝泉遗址主体部分东西长约 260、南北宽约 200 米，面积约 5 万平方米（图六）。勘探采用东西与南北方向中心部分交会形成"十"字的方式。东西方向由东向西"E"为坐标，南北方向由北向南钻探"N"为坐标，探孔用"TK"，如东西方向第一个探孔为"ETK01"，南北方向第一个探孔为"NTK01"，探孔间距为 20 米。

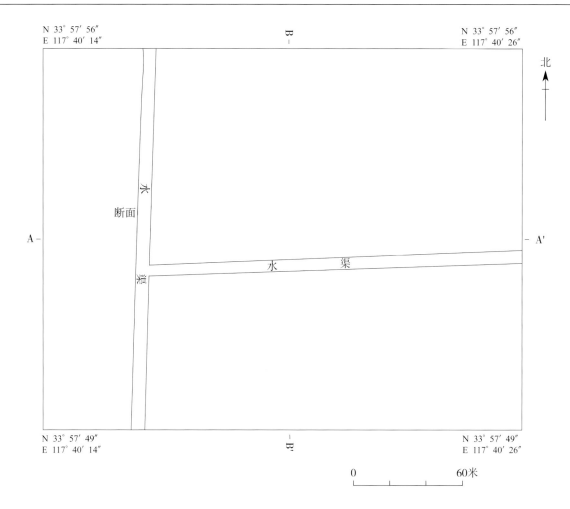

图六　鸡宝泉遗址平面（四角坐标）图

2. 地层堆积

遗址地层堆积以暴露的断面及勘探的遗址地层为例（图七；彩版五，1）。

（1）断面（DM1）地层堆积

鸡宝泉遗址断面（DM1）位于遗址中西部，南北向。该断面以生产渠道为主体，深度至1.5米处为渠道底部，未见生土。断面坐标为北纬33°57′57″、东经117°40′18″。

据断面（DM1）土质土色，其文化层堆积可分四层。

第①层：深灰色耕土层。厚0.37～0.4米。含细沙，土质疏松，包含植物根系。

第②层：灰黄色土层。深0.37～0.4、厚0.35～0.52米。含沙，土质疏松，包含红烧土颗粒、红陶片、灰陶片、碎石块、草木灰等。该层为汉代文化层堆积。

第③层：灰黑色土层。深0.73～0.94、厚0.27～0.54米。黏土，土质疏松，夹杂大量红烧土块、夹砂鬲足、夹砂鼎足、鬲口沿、陶器腹片、器底、碎石块、草木灰等。该层为新石器文化层堆积。

第④层：灰白色土层。深1.15～1.3米。含沙，土质疏松，包含植物根系、红烧土颗粒、红陶片、灰陶片、碎石块、草木灰等。该层为新石器文化层堆积。

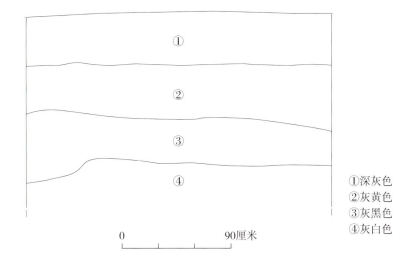

①深灰色
②灰黄色
③灰黑色
④灰白色

0   90厘米

图七 鸡宝泉遗址断面地层图

1. 鸡宝泉遗址断面1（DM1）

2.2023SJNTK07 土样

彩版五 鸡宝泉遗址断面及土样

（2）遗址勘探地层

汉代文化层堆积基本覆盖遗址本体，保存较好（表一～二五）。此次考古勘探在各探孔中选择了最能够反映堆积特征，有利于研判遗址性质的探孔作为标准探孔，以探孔（2023SJNTK07）为例进行介绍，探孔坐标为北纬33°57′53″、东经117°40′18″。

据探孔土样土质土色，2023SJNTK07地层可分四层（图八、九；彩版五，2）：

第①层：深灰色耕土层。厚0.2米。含沙，土质疏松，包含植物根系。

第②层：灰黄色土层。深0.2、厚1.0米。含沙，土质疏松，包含草木灰、红烧土颗粒、红灰陶残片。该层为汉代文化层堆积。

第③层：灰黑色土层。深1.2、厚0.4米。黏土，土质疏松，包含草木灰、红烧土颗粒、红灰陶残片。该层为新石器时代文化层堆积。

第④层：灰白色土层。深1.6、厚0.9米。含沙，土质疏松，包含草木灰、红烧土颗粒、红灰陶残片。该层为新石器时代文化层堆积。

以下为黄褐色生土层，土质坚硬、致密。

表一　鸡宝泉遗址南北向勘探探孔记录表（探孔编号：2023SJNTK01）（单位：米）

地层编号	深度	厚度	土色	土质	致密度	包含物	备注
①	0	0.2	深灰	沙	疏松	植物根系	耕土
②	0.2	1.0	灰黄	沙	疏松	红烧土颗粒、草木灰、灰、红陶片	汉代文化堆积
③	1.2	0.7	灰黑	黏土	疏松	红烧土颗粒、草木灰、夹砂灰、红陶片、碎石块	新石器时代文化堆积
③以下	1.9		黄褐		致密	石块、铁锰颗粒	生土

表二　鸡宝泉遗址南北向勘探探孔记录表（探孔编号：2023SJNTK02）（单位：米）

地层编号	深度	厚度	土色	土质	致密度	包含物	备注
①	0	0.2	深灰	沙	疏松	植物根系	耕土
②	0.2	1.0	灰黄	沙	疏松	红烧土颗粒、草木灰、灰、红陶片	汉代文化堆积
③	1.2	0.8	灰黑	黏土	疏松	红烧土颗粒、草木灰、夹砂灰、红陶片、碎石块	新石器时代文化堆积
③以下	2.0		黄褐		致密	石块、铁锰颗粒	生土

表三　鸡宝泉遗址南北向勘探探孔记录表（探孔编号：2023SJNTK03）　（单位：米）

地层编号	深度	厚度	土色	土质	致密度	包含物	备注
①	0	0.2	深灰	沙	疏松	植物根系	耕土
②	0.2	0.8	灰黄	沙	疏松	红烧土颗粒、草木灰、灰、红陶片	汉代文化堆积
③	1.0	0.8	灰黑	黏土	疏松	红烧土颗粒、草木灰、夹砂灰、红陶片、碎石块	新石器时代文化堆积
③以下	1.8		黄褐		致密	石块、铁锰颗粒	生土

表四　鸡宝泉遗址南北向勘探探孔记录表（探孔编号：2023SJNTK04）　（单位：米）

地层编号	深度	厚度	土色	土质	致密度	包含物	备注
①	0	0.2	深灰	沙	疏松	植物根系	耕土
②	0.2	0.8	灰黄	沙	疏松	红烧土颗粒、草木灰、灰、红陶片	汉代文化堆积
③	1.0	0.4	灰黑	黏土	疏松	红烧土颗粒、草木灰、夹砂灰、红陶片、碎石块	新石器时代文化堆积
④	1.4	1.0	灰白	沙	疏松	红烧土颗粒、草木灰、夹砂灰、红陶片	新石器时代文化堆积
④以下	2.4		黄褐		致密	石块、铁锰颗粒	生土

表五　鸡宝泉遗址南北向勘探探孔记录表（探孔编号：2023SJNTK05）　（单位：米）

地层编号	深度	厚度	土色	土质	致密度	包含物	备注
①	0	0.2	深灰	沙	疏松	植物根系	耕土
②	0.2	1.2	灰黄	沙	疏松	红烧土颗粒、草木灰、灰、红陶片	汉代文化堆积
③	1.4	0.9	灰黑	黏土	疏松	红烧土颗粒、草木灰、夹砂灰、红陶片、碎石块	新石器时代文化堆积
④	2.3	0.2	灰白	沙	疏松	红烧土颗粒、草木灰、夹砂灰、红陶片	新石器时代文化堆积
④以下	2.5		黄褐		致密	石块、铁锰颗粒	生土

表六　鸡宝泉遗址南北向勘探探孔记录表（探孔编号：2023SJNTK06）（单位：米）

地层编号	深度	厚度	土色	土质	致密度	包含物	备注
①	0	0.2	深灰	沙	疏松	植物根系	耕土
②	0.2	0.8	灰黄	沙	疏松	红烧土颗粒、草木灰、灰、红陶片	汉代文化堆积
③	1.0	0.6	灰黑	黏土	疏松	红烧土颗粒、草木灰、夹砂灰、红陶片、碎石块	新石器时代文化堆积
④	1.6	0.8	灰白	沙	疏松	红烧土颗粒、草木灰、夹砂灰、红陶片	新石器时代文化堆积
④以下	2.4		黄褐		致密	石块、铁锰颗粒	生土

表七　鸡宝泉遗址南北向勘探探孔记录表（探孔编号：2023SJNTK07）（单位：米）

地层编号	深度	厚度	土色	土质	致密度	包含物	备注
①	0	0.2	深灰	沙	疏松	植物根系	耕土
②	0.2	1.0	灰黄	沙	疏松	红烧土颗粒、草木灰、灰、红陶片	汉代文化堆积
③	1.2	0.4	灰黑	黏土	疏松	红烧土颗粒、草木灰、夹砂灰、红陶片、碎石块	新石器时代文化堆积
④	1.6	0.9	灰白	沙	疏松	红烧土颗粒、草木灰、夹砂灰、红陶片	新石器时代文化堆积
④以下	2.5		黄褐		致密	石块、铁锰颗粒	生土

表八　鸡宝泉遗址南北向勘探探孔记录表（探孔编号：2023SJNTK08）（单位：米）

地层编号	深度	厚度	土色	土质	致密度	包含物	备注
①	0	0.2	深灰	沙	疏松	植物根系	耕土
②	0.2	0.6	灰黄	沙	疏松	红烧土颗粒、草木灰、灰、红陶片	汉代文化堆积
③	0.8	0.4	灰黑	黏土	疏松	红烧土颗粒、草木灰、夹砂灰、红陶片、碎石块	新石器时代文化堆积
④	1.2	0.6	灰白	沙	疏松	红烧土颗粒、草木灰、夹砂灰、红陶片	新石器时代文化堆积
④以下	1.8		黄褐		致密	石块、铁锰颗粒	生土

表九 鸡宝泉遗址南北向勘探探孔记录表（探孔编号：2023SJNTK09）（单位：米）

地层编号	深度	厚度	土色	土质	致密度	包含物	备注
①	0	0.2	深灰	沙	疏松	植物根系	耕土
②	0.2	0.6	灰黄	沙	疏松	红烧土颗粒、草木灰、灰、红陶片	汉代文化堆积
③	0.8	0.5	灰黑	黏土	疏松	红烧土颗粒、草木灰、夹砂灰、红陶片、碎石块	新石器时代文化堆积
④	1.3	0.6	灰白	沙	疏松	红烧土颗粒、草木灰、夹砂灰、红陶片	新石器时代文化堆积
④以下	1.9		黄褐		致密	石块、铁锰颗粒	生土

表一〇 鸡宝泉遗址南北向勘探探孔记录表（探孔编号：2023SJNTK10）（单位：米）

地层编号	深度	厚度	土色	土质	致密度	包含物	备注
①	0	0.2	深灰	沙	疏松	植物根系	耕土
②	0.2	0.8	灰黄	沙	疏松	红烧土颗粒、草木灰、灰、红陶片	汉代文化堆积
③	1.0	0.4	灰黑	黏土	疏松	红烧土颗粒、草木灰、夹砂灰、红陶片、碎石块	新石器时代文化堆积
④	1.4	1.0	灰白	沙	疏松	红烧土颗粒、草木灰、夹砂灰、红陶片	新石器时代文化堆积
④以下	2.4		黄褐		致密	石块、铁锰颗粒	生土

表一一 鸡宝泉遗址南北向勘探探孔记录表（探孔编号：2023SJNTK11）（单位：米）

地层编号	深度	厚度	土色	土质	致密度	包含物	备注
①	0	0.2	深灰	沙	疏松	植物根系	耕土
②	0.2	0.8	灰黄	沙	疏松	红烧土颗粒、草木灰、灰、红陶片	汉代文化堆积
③	1.0	0.5	灰黑	黏土	疏松	红烧土颗粒、草木灰、夹砂灰、红陶片、碎石块	新石器时代文化堆积
④	1.5	1.0	灰白	沙	疏松	红烧土颗粒、草木灰、夹砂灰、红陶片	新石器时代文化堆积
④以下	2.5		黄褐		致密	石块、铁锰颗粒	生土

表一二　鸡宝泉遗址东西向勘探探孔记录表（探孔编号：2023SJETK01） (单位：米)

地层编号	深度	厚度	土色	土质	致密度	包含物	备注
①	0	0.3	深灰	沙	疏松	植物根系	耕土
②	0.3	0.5	灰黄	沙	疏松	红烧土颗粒、草木灰、灰、红陶片	汉代文化堆积
③	0.8	0.5	灰黑	黏土	疏松	红烧土颗粒、草木灰、夹砂灰、红陶片、碎石块	新石器时代文化堆积
④	1.3	0.4	灰白	沙	疏松	红烧土颗粒、草木灰、夹砂灰、红陶片	新石器时代文化堆积
④以下	1.7		黄褐		致密	石块、铁锰颗粒	生土

表一三　鸡宝泉遗址东西向勘探探孔记录表（探孔编号：2023SJETK02） (单位：米)

地层编号	深度	厚度	土色	土质	致密度	包含物	备注
①	0	0.2	深灰	沙	疏松	植物根系	耕土
②	0.2	0.6	灰黄	沙	疏松	红烧土颗粒、草木灰、灰、红陶片	汉代文化堆积
③	0.8	0.4	灰黑	黏土	疏松	红烧土颗粒、草木灰、夹砂灰、红陶片、碎石块	新石器时代文化堆积
④	1.2	0.6	灰白	沙	疏松	红烧土颗粒、草木灰、夹砂灰、红陶片	新石器时代文化堆积
④以下	1.8		黄褐		致密	石块、铁锰颗粒	生土

表一四　鸡宝泉遗址东西向勘探探孔记录表（探孔编号：2023SJETK03） (单位：米)

地层编号	深度	厚度	土色	土质	致密度	包含物	备注
①	0	0.3	深灰	沙	疏松	植物根系	耕土
②	0.3	0.4	灰黄	沙	疏松	红烧土颗粒、草木灰、灰、红陶片	汉代文化堆积
③	0.7	0.5	灰黑	黏土	疏松	红烧土颗粒、草木灰、夹砂灰、红陶片、碎石块	新石器时代文化堆积
④	1.2	0.3	灰白	沙	疏松	红烧土颗粒、草木灰、夹砂灰、红陶片	新石器时代文化堆积
④以下	1.5		黄褐		致密	石块、铁锰颗粒	生土

表一五　鸡宝泉遗址东西向勘探探孔记录表（探孔编号：2023SJETK04）（单位：米）

地层编号	深度	厚度	土色	土质	致密度	包含物	备注
①	0	0.3	深灰	沙	疏松	植物根系	耕土
②	0.3	0.4	灰黄	沙	疏松	红烧土颗粒、草木灰、灰、红陶片	汉代文化堆积
③	0.7	0.3	灰黑	黏土	较致密	红烧土颗粒、草木灰、夹砂灰、红陶片、碎石块	新石器时代文化堆积
④	1.0	0.6	灰白	沙	疏松	红烧土颗粒、草木灰、夹砂灰、红陶片	新石器时代文化堆积
④以下	1.6		黄褐		致密	石块、铁锰颗粒	生土

表一六　鸡宝泉遗址东西向勘探探孔记录表（探孔编号：2023SJETK05）（单位：米）

地层编号	深度	厚度	土色	土质	致密度	包含物	备注
①	0	0.2	深灰	沙	疏松	植物根系	耕土
②	0.2	0.4	灰黄	沙	疏松	红烧土颗粒、草木灰、灰、红陶片	汉代文化堆积
③	0.6	1.0	灰黑	黏土	较致密	红烧土颗粒、草木灰、夹砂灰、红陶片、碎石块	新石器时代文化堆积
④	1.6	1.0	灰白	沙	疏松	红烧土颗粒、草木灰、夹砂灰、红陶片	新石器时代文化堆积
④以下	2.6		黄褐		致密	石块、铁锰颗粒	生土

表一七　鸡宝泉遗址东西向勘探探孔记录表（探孔编号：2023SJETK06）（单位：米）

地层编号	深度	厚度	土色	土质	致密度	包含物	备注
①	0	0.2	深灰	沙	疏松	植物根系	耕土
②	0.2	0.6	灰黄	沙	疏松	红烧土颗粒、草木灰、灰、红陶片	汉代文化堆积
③	0.8	1.2	灰黑	黏土	较致密	红烧土颗粒、草木灰、夹砂灰、红陶片、碎石块	新石器时代文化堆积
④	2.0	0.6	灰白	沙	疏松	红烧土颗粒、草木灰、夹砂灰、红陶片	新石器时代文化堆积
④以下	2.6		黄褐		致密	石块、铁锰颗粒	生土

表一八　鸡宝泉遗址东西向勘探探孔记录表（探孔编号：2023SJETK07）（单位：米）

地层编号	深度	厚度	土色	土质	致密度	包含物	备注
①	0	0.3	深灰	沙	疏松	植物根系	耕土
②	0.3	0.4	灰黄	沙	疏松	红烧土颗粒、草木灰、灰、红陶片	汉代文化堆积
③	0.7	0.9	灰黑	黏土	较致密	红烧土颗粒、草木灰、夹砂灰、红陶片、碎石块	新石器时代文化堆积
④	1.6	1.2	灰白	沙	疏松	红烧土颗粒、草木灰、夹砂灰、红陶片	新石器时代文化堆积
④以下	2.8		黄褐		致密	石块、铁锰颗粒	生土

表一九　鸡宝泉遗址东西向勘探探孔记录表（探孔编号：2023SJETK08）（单位：米）

地层编号	深度	厚度	土色	土质	致密度	包含物	备注
①	0	0.3	深灰	沙	疏松	植物根系	耕土
②	0.3	0.5	灰黄	沙	疏松	红烧土颗粒、草木灰、灰、红陶片	汉代文化堆积
③	0.8	0.5	灰黑	黏土	较致密	红烧土颗粒、草木灰、夹砂灰、红陶片、碎石块	新石器时代文化堆积
④	1.3	1.3	灰白	沙	疏松	红烧土颗粒、草木灰、夹砂灰、红陶片	新石器时代文化堆积
④以下	2.6		黄褐		致密	石块、铁锰颗粒	生土

表二〇　鸡宝泉遗址东西向勘探探孔记录表（探孔编号：2023SJETK09）（单位：米）

地层编号	深度	厚度	土色	土质	致密度	包含物	备注
①	0	0.3	深灰	沙	疏松	植物根系	耕土
②	0.3	0.5	灰黄	沙	疏松	红烧土颗粒、草木灰、灰、红陶片	汉代文化堆积
③	0.8	0.8	灰黑	黏土	较致密	红烧土颗粒、草木灰、夹砂灰、红陶片、碎石块	新石器时代文化堆积
④	1.6	0.8	灰白	沙	疏松	红烧土颗粒、草木灰、夹砂灰、红陶片	新石器时代文化堆积
④以下	2.4		黄褐		致密	石块、铁锰颗粒	生土

表二一　鸡宝泉遗址东西向勘探探孔记录表（探孔编号：2023SJETK10）（单位：米）

地层编号	深度	厚度	土色	土质	致密度	包含物	备注
①	0	0.3	深灰	沙	疏松	植物根系	耕土
②	0.3	0.5	灰黄	沙	疏松	红烧土颗粒、草木灰、灰、红陶片	汉代文化堆积
③	0.8	0.6	灰黑	黏土	较致密	红烧土颗粒、草木灰、夹砂灰、红陶片、碎石块	新石器时代文化堆积
④	1.4	1.0	灰白	沙	疏松	红烧土颗粒、草木灰、夹砂灰、红陶片	新石器时代文化堆积
④以下	2.4		黄褐		致密	石块、铁锰颗粒	生土

表二二　鸡宝泉遗址东西向勘探探孔记录表（探孔编号：2023SJETK11）（单位：米）

地层编号	深度	厚度	土色	土质	致密度	包含物	备注
①	0	0.3	深灰	沙	疏松	植物根系	耕土
②	0.3	0.5	灰黄	沙	疏松	红烧土颗粒、草木灰、灰、红陶片	汉代文化堆积
③	0.8	1.2	灰黑	黏土	较致密	红烧土颗粒、草木灰、夹砂灰、红陶片、碎石块	新石器时代文化堆积
④	2.0	0.3	灰白	沙	疏松	红烧土颗粒、草木灰、夹砂灰、红陶片	新石器时代文化堆积
④以下	2.3		黄褐		致密	石块、铁锰颗粒	生土

表二三　鸡宝泉遗址东西向勘探探孔记录表（探孔编号：2023SJETK12）（单位：米）

地层编号	深度	厚度	土色	土质	致密度	包含物	备注
①	0	0.3	深灰	沙	疏松	植物根系	耕土
②	0.3	0.5	灰黄	沙	疏松	红烧土颗粒、草木灰、灰、红陶片	汉代文化堆积
③	0.8	1.2	灰黑	黏土	较致密	红烧土颗粒、草木灰、夹砂灰、红陶片、碎石块	新石器时代文化堆积
④	2.0	0.3	灰白	沙	疏松	红烧土颗粒、草木灰、夹砂灰、红陶片	新石器时代文化堆积
④以下	2.3		黄褐		致密	石块、铁锰颗粒	生土

表二四　鸡宝泉遗址东西向勘探探孔记录表（探孔编号：2023SJETK13）（单位：米）

地层编号	深度	厚度	土色	土质	致密度	包含物	备注
①	0	0.3	深灰	沙	疏松	植物根系	耕土
②	0.3	0.7	灰黄	沙	疏松	红烧土颗粒、草木灰、灰、红陶片	汉代文化堆积
③	1.0	0.6	灰黑	黏土	较致密	红烧土颗粒、草木灰、夹砂灰、红陶片、碎石块	新石器时代文化堆积
④	1.6	0.7	灰白	沙	疏松	红烧土颗粒、草木灰、夹砂灰、红陶片	新石器时代文化堆积
④以下	2.3		黄褐		致密	石块、铁锰颗粒	生土

表二五　鸡宝泉遗址东西向勘探探孔记录表（探孔编号：2023SJETK14）（单位：米）

地层编号	深度	厚度	土色	土质	致密度	包含物	备注
①	0	0.3	深灰	沙	疏松	植物根系	耕土
②	0.3	0.9	灰黄	沙	疏松	红烧土颗粒、草木灰、灰、红陶片	汉代文化堆积
③	1.2	0.5	灰黑	黏土	较致密	红烧土颗粒、草木灰、夹砂灰、红陶片、碎石块	新石器时代文化堆积
④	1.7	0.7	灰白	沙	疏松	红烧土颗粒、草木灰、夹砂灰、红陶片	新石器时代文化堆积
④以下	2.4		黄褐		致密	石块、铁锰颗粒	生土

（三）采集遗物

采集陶片以夹砂陶与泥质陶为主，纹饰有绳纹、弦纹、方格纹、菱形纹、重圈纹和弧线纹等。可辨器形有鼎足、罐口沿、器底、腹片、纺轮、筒瓦、板瓦、红烧土块、青砖，少量石器有石锛、砺石（SJC 代表睢宁鸡宝泉遗址采集点；表二六）。

陶鼎足　7件。

标本 SJC2023：1，残。夹砂灰陶。扁凿形足，上宽下窄，足面饰三道长凹槽，足尖残。残高 10.2 厘米（图一○，1；彩版六，1）。

标本 SJC2023：2，残。夹砂灰陶。扁条形足，足面有数道横凹槽。残高 7.1 厘米（图一○，2；彩版六，2）。

标本 SJC2023：3，残。夹细砂红陶。扁凿形足，上宽下窄，足面有两道竖凹槽，残留腹片饰弦纹。残高 10 厘米（图一○，3；彩版六，3）。

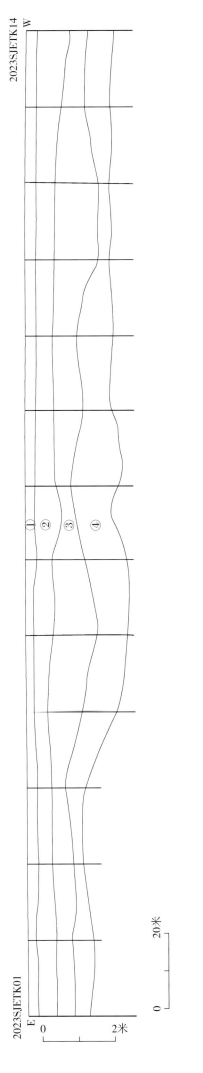

图八 鸡宝泉遗址东西向探孔勘探地层图

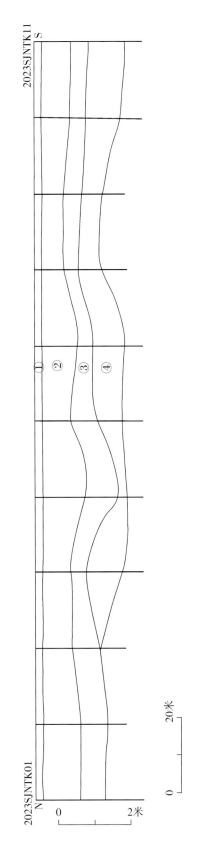

图九 鸡宝泉遗址南北向探孔勘探地层图

表二六　鸡宝泉遗址采集遗物登记表

编号	名称	数量	质地	现状	年代
2023SJC：1	陶鼎足	1	夹砂灰陶	残	新石器时代
2023SJC：2	陶鼎足	1	夹砂灰陶	残	新石器时代
2023SJC：3	陶鼎足	1	夹细砂红陶	残	新石器时代
2023SJC：4	陶鼎足	1	夹砂红陶	残	新石器时代
2023SJC：5	陶鼎足	1	夹砂灰陶	残	新石器时代
2023SJC：6	陶鼎足	1	夹砂灰白陶	残	新石器时代
2023SJC：7	陶鼎足	1	夹砂红陶	残	新石器时代
2023SJC：8	陶器口沿	1	夹砂灰陶	残	新石器时代
2023SJC：9	陶器口沿	1	夹砂灰陶	残	新石器时代
2023SJC：10	陶器口沿	1	夹砂灰陶	残	新石器时代
2023SJC：11	陶器口沿	1	夹砂灰陶	残	汉代
2023SJC：12	陶器口沿	1	泥质灰陶	残	汉代
2023SJC：13	陶器腹片	1	泥质灰陶	残	汉代
2023SJC：14	陶器腹片	1	泥质红陶	残	汉代
2023SJC：15	陶器盖	1	夹砂灰陶	残	新石器时代
2023SJC：16	陶器底	1	夹细砂灰陶	残	新石器时代
2023SJC：17	陶器底	1	夹砂红陶	残	新石器时代
2023SJC：18	陶器底	1	夹砂灰陶	残	新石器时代
2023SJC：19	陶器底	1	泥质灰陶	残	新石器时代
2023SJC：20	陶豆柄	1	泥质灰陶	残	新石器时代

续表

编号	名称	数量	质地	现状	年代
2023SJC：21	石锛	1	石	残	新石器时代
2023SJC：22	石锛	1	石	残	新石器时代
2023SJC：23	青砖	1	夹砂灰陶	残	汉代
2023SJC：24	青砖	1	夹砂灰陶	残	汉代
2023SJC：25	青砖	1	夹砂灰陶	残	汉代
2023SJC：26	红砖	1	夹砂红陶	残	汉代
2023SJC：27	筒瓦	1	夹砂灰陶	残	汉代
2023SJC：28	板瓦	1	夹砂灰陶	残	汉代
2023SJC：29	红烧土块	1	泥质红陶	残	新石器时代
2023SJC：30	陶纺轮	1	泥质灰陶	残	汉代
2023SJC：31	砺石	1	石	残	汉代

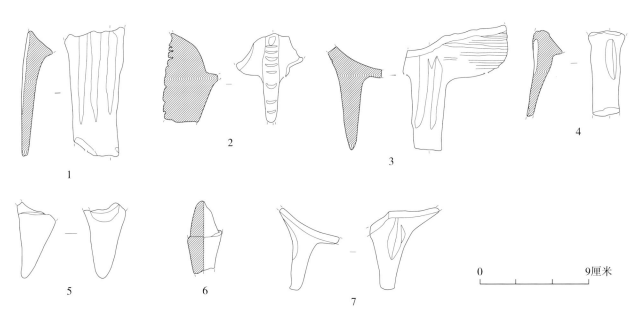

0　　　　　　　　9厘米

图一〇　鸡宝泉遗址采集遗物

1～7.陶鼎足2023SJC：1～7

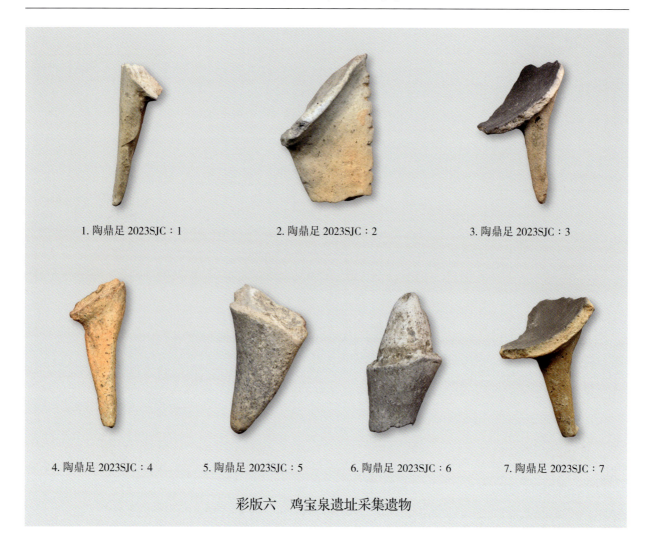

1. 陶鼎足 2023SJC：1　　2. 陶鼎足 2023SJC：2　　3. 陶鼎足 2023SJC：3

4. 陶鼎足 2023SJC：4　　5. 陶鼎足 2023SJC：5　　6. 陶鼎足 2023SJC：6　　7. 陶鼎足 2023SJC：7

彩版六　鸡宝泉遗址采集遗物

　　标本 2023SJC：4，残。夹砂灰陶。扁凿形，上宽下窄，足面有一道纵向凹槽，足尖残。残高 6.8 厘米（图一〇，4；彩版六，4）。

　　标本 2023SJC：5，残。夹砂灰陶。锥形足，素面。残高 6 厘米（图一〇，5；彩版六，5）。

　　标本 2023SJC：6，残。夹砂灰白陶。锥形足，素面，有实足钉，足尖残。残高 5.7 厘米（图一〇，6；彩版六，6）。

　　标本 2023SJC：7，残。夹砂红陶。扁凿形，足面饰一道竖凹槽。残高 6.5 厘米（图一〇，7；彩版六，7）。

　　陶器口沿　5 件。

　　标本 2023SJC：8，残。夹砂灰陶。侈口，圆唇、折沿外撇，束颈。口径 15、残高 5.5 厘米（图一一，1；彩版七，1）。

　　标本 2023SJC：9，残。夹砂灰陶。侈口，尖唇，折沿外撇，弧腹，外腹部有数道凹弦纹。残高 5.3 厘米（图一一，2；彩版七，2）。

　　标本 2023SJC：10，残。夹砂灰陶。侈口，方唇，折沿，矮束颈，弧腹。残高 7.3 厘米（图一一，3；彩版七，3）。

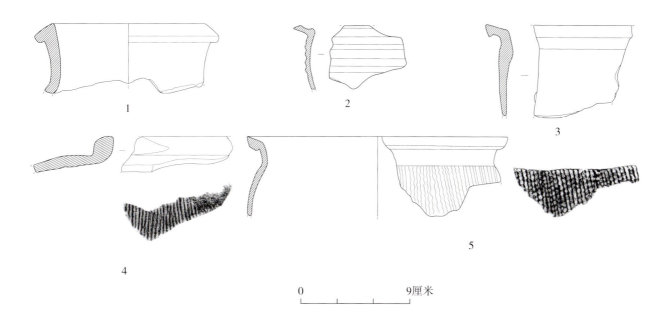

图一一　鸡宝泉遗址采集遗物
1～5.陶器口沿2023SJC：8、2023SJC：9、2023SJC：10、2023SJC：12、2023SJC：11

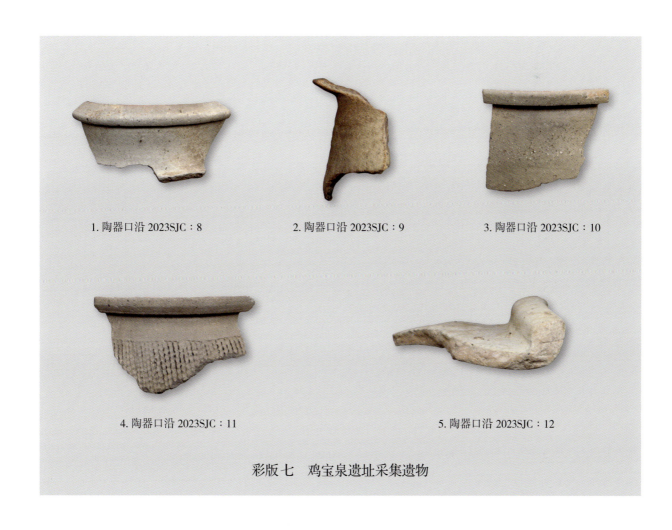

彩版七　鸡宝泉遗址采集遗物

标本 2023SJC：11，残。夹砂灰陶。侈口，尖唇，折沿外翻、弧腹、外腹部饰绳纹。口径 21.4、残高 6.3 厘米（图一一，5；彩版七，4）。

标本 2023SJC：12，残。泥质灰陶。直口，方唇，溜肩、肩部饰细绳纹。残高 2.8 厘米（图一一，4；彩版七，5）。

陶器腹片　2 件。

标本 2023SJC：13，残。泥质灰陶。溜肩，肩饰两道凹弦纹和回纹。残高 3.5 厘米（图一二，1；彩版八，1）。

标本 2023SJC：14，残。泥质红陶。溜肩，鼓腹，腹饰竖绳纹，三道弦纹。残高 8.9 厘米（图一二，2；彩版八，2）。

陶器盖　1 件。

标本 2023SJC：15，残。夹砂灰陶。盖残，盖顶设喇叭形矮圈足握手。残高 2.5、残宽 6.4 厘米（图一三；彩版八，3）。

陶器底　4 件。

标本 2023SJC：16，残。夹细砂灰陶。弧下腹，饼形足平底，内底饰有旋涡纹。残高 1.8、底径 5 厘米（图一四，1；彩版八，4）。

标本 SJC：17，残。夹砂红陶。弧腹，平底，底部有乳丁足。残高 3.5 厘米（图一四，4；彩版八，5）。

标本 2023SJC：18，残。夹砂灰陶。斜腹，平底内凹，内壁有数道凹弦纹，外腹近底部有一

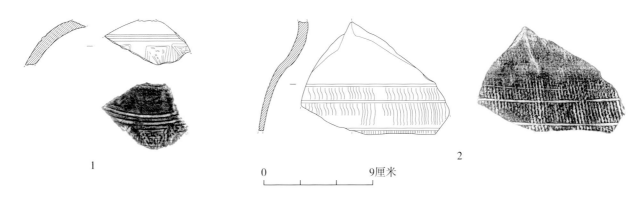

0　　　　　　　　　9厘米

图一二　鸡宝泉遗址采集遗物

1、2.陶器腹片 2023SJC：13、2023SJC：14

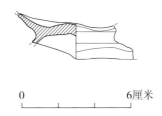

0　　　　　　　　　6厘米

图一三　鸡宝泉遗址采集陶器盖 2023SJC：15

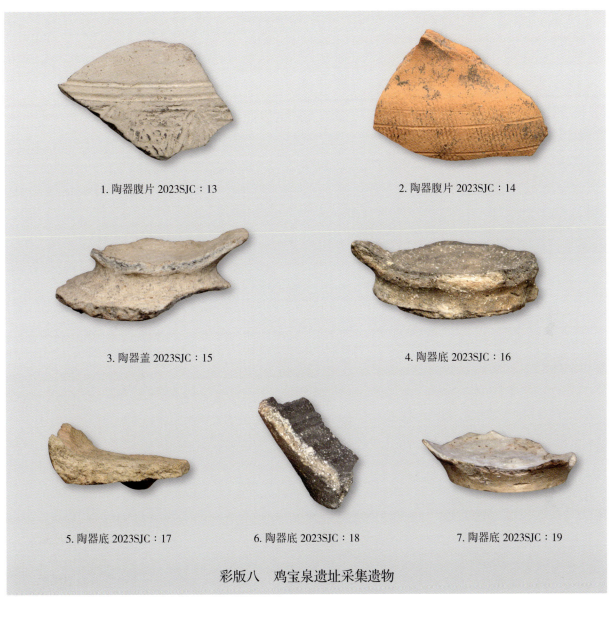

1. 陶器腹片 2023SJC：13　　　　　2. 陶器腹片 2023SJC：14

3. 陶器盖 2023SJC：15　　　　　4. 陶器底 2023SJC：16

5. 陶器底 2023SJC：17　　　6. 陶器底 2023SJC：18　　　7. 陶器底 2023SJC：19

彩版八　鸡宝泉遗址采集遗物

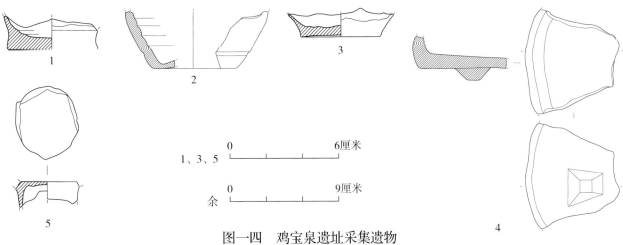

图一四　鸡宝泉遗址采集遗物

1～4.陶器底2023SJC：16、18、19、17　5.陶豆柄2023SJC：20

道凹弦纹。底径 7、残高 4.5 厘米（图一四，2；彩版八，6）。

标本 2023SJC：19，残。泥质灰陶。平底略内凹。残高 1.5、底径 4.4 厘米（图一四，3；彩版八，7）。

陶豆柄　1 件。

标本 2023SJC：20，泥质灰陶。残缺严重，仅存豆盘底部与柄连接部，为空心柱状柄。直径 3.4、残高 1.4 厘米（图一四，5；彩版九，1）。

陶砖　4 件。

标本 2023SJC：23，残半。夹砂灰陶。平面扇形，双平面皆饰细绳纹，端面饰重圈纹和弧线纹。残长 16.7、宽 11.3 ～ 14.2、厚 4 厘米（图一五，1；彩版九，2）。

1. 陶豆柄 2023SJC：20　　2. 青砖 2023SJC：23　　3. 青砖 2023SJC：24

4. 青砖 2023SJC：25　　5. 红砖 2023SJC：26　　6. 筒瓦 2023SJC：27

7. 板瓦 2023SJC：28　　8. 红烧土块 2023SJC：29　　9. 陶纺轮 2023SJC：30

彩版九　鸡宝泉遗址采集遗物

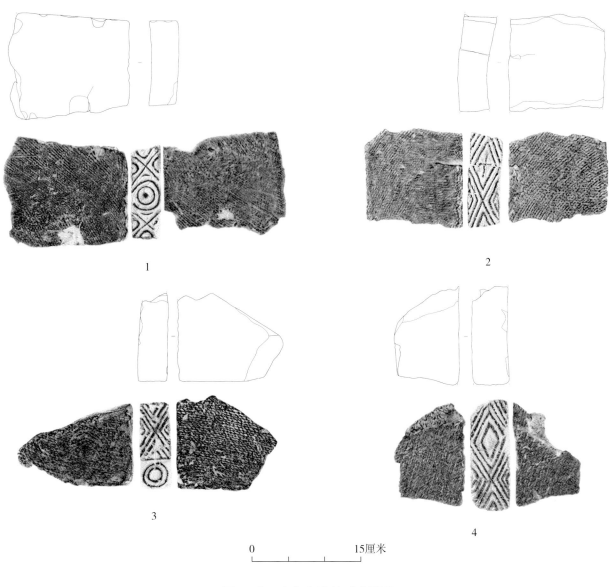

图一五　鸡宝泉遗址采集遗物

1～4.陶砖2023SJC：23～26

标本 2023SJC：24，残缺。夹砂灰陶。平面长方形，平面皆饰细绳纹，一侧面饰多重菱形纹。残长 13、宽 12.9、厚 4.3 厘米（图一五，2；彩版九，3）。

标本 2023SJC：25，残缺。夹砂灰陶。平面长方形，双平面皆饰细绳纹，一侧面饰多重三角纹和重圈纹。残长 14.5、残宽 11.7、厚 4.1 厘米（图一五，3；彩版九，4）。

标本 2023SJC：26，残缺。夹砂红陶。平面呈不规则形，双平面皆饰细绳纹，一侧面饰多重菱形纹。残长 13.1、残宽 9、厚 5.1 厘米（图一五，4；彩版九，5）。

筒瓦　1 件。

标本 2023SJC：27，残。夹砂灰陶。瓦舌和瓦身皆残，剖面呈“U”形，瓦身外壁饰绳纹，内壁饰布纹。残长 15.5、残宽 11.5、残高 2.9、厚 0.9 厘米（图一六；彩版九，6）。

0　　　　　　　　　12厘米

图一六　鸡宝泉遗址采集筒瓦 2023SJC：27

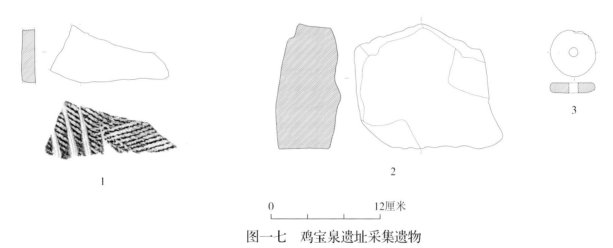

0　　　　　　　　　12厘米

图一七　鸡宝泉遗址采集遗物

1.板瓦2023SJC：28　　2.红烧土块2023SJC：29　　3.陶纺轮2023 SJC：30

　　板瓦　1件。

　　标本 2023SJC：28，残。夹砂灰陶。平面呈不规则形，剖面呈"U"形，外壁饰细绳纹、绳纹之上饰凹弦纹，内壁饰菱形纹。残长 12.9、残宽 6.1、厚 1.5 厘米（图一七，1；彩版九，7）。

　　红烧土块　1件。

　　标本 2023SJC：29，泥质红陶。形状不规则。残长 14.3、残宽 13.2、厚 7.1 厘米（图一七，2；彩版九，8）。

　　陶纺轮　1件。

　　标本 2023SJC：30，残。泥质灰陶。近圆饼形，边缘微弧，中间有一圆形穿孔。直径 4.8、孔径 1、厚 1 厘米（图一七，3；彩版九，9）。

　　石锛　2件。

　　标本 2023SJC：21，残。石英细砂岩。平面呈长方形，单面刃，通体磨制光滑，刃部有被砸击的痕迹。残长 11.6、宽 6、厚 0.4 ～ 3 厘米（图一八，1；彩版一〇，1）。

　　标本 2023SJC：22，残。青灰岩。上宽下窄的梯形，顶部与刃部均残，表面磨光。残宽 3.9 ～ 4.3、

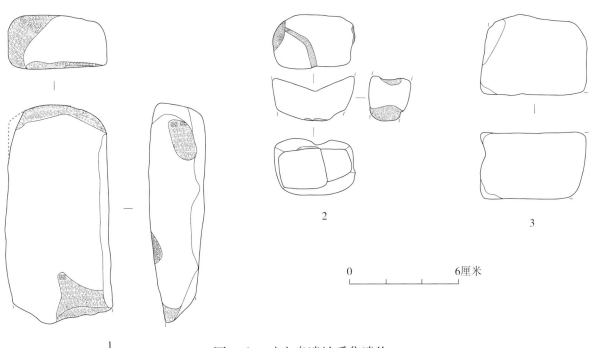

图一八　鸡宝泉遗址采集遗物
1、2.石锛2023SJC：21、2023SJC：22　3.砺石2023SJC：31

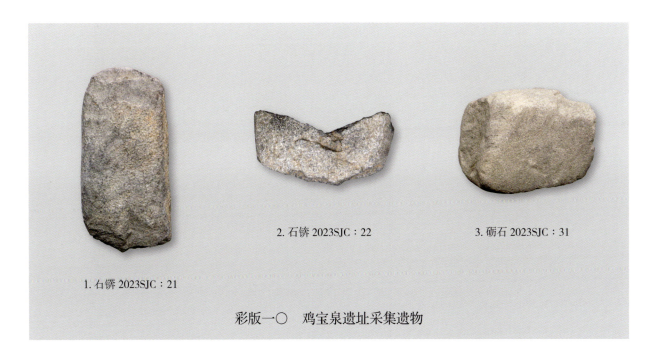

彩版一〇　鸡宝泉遗址采集遗物

残高2.3、厚2.9厘米（图一八，2；彩版一〇，2）。

砺石　1件。

标本2023SJC：31，残。细砂岩质。表面磨面光滑。残长5.8、残宽4.3、厚3.5厘米（图一八，3；彩版一〇，3）。

据遗址地层堆积及采集遗物分析，该遗址时代为新石器时代到汉代。

三　巨山后王遗址

（一）遗址概况

后王遗址位于睢宁县古邳镇巨山村（图二；彩版一一，1）。遗址中部有古邳环山大沟东西横穿而过，南部为农田，地势北高南低。后王遗址北邻岠山，东1.3千米是二龙山，南1.8千米是民便河、3千米是下邳故城遗址，南距故黄河约5.5千米。后王遗址表土为浅灰色沙土，土质疏松，种植有大蒜、小麦等。

1.巨山后王遗址现状（西—东）

2.2023SHETK10土样

彩版一一　巨山后王遗址现状及土样

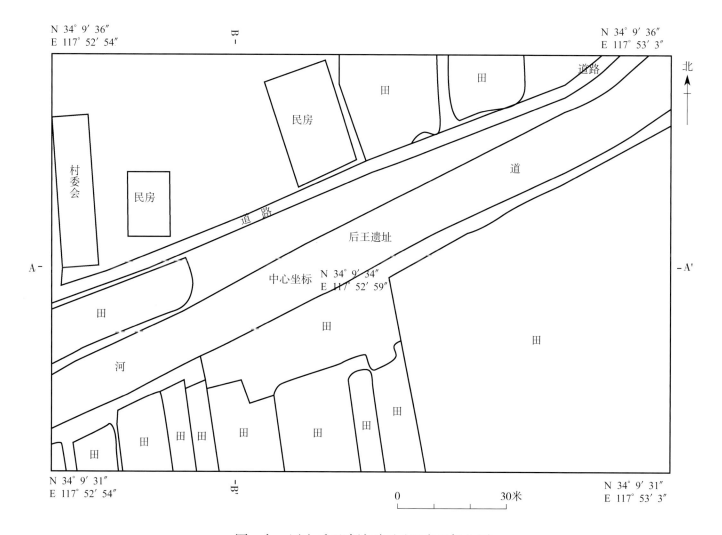

东北角坐标为北纬 34°9′36″、东经 117°53′3″，西北角坐标为北纬 34°9′36″、
东经 117°52′54″，东南角坐标为北纬 34°9′31″、东经 117°53′3″，西南角坐标为北纬
34°9′31″、东经 117°52′54″，中心坐标为北纬 34°9′34″、东经 117°52′59″，海拔约 24 米。

（二）遗址范围与地层堆积

1. 遗址范围

巨山后王遗址主体部分东西长约170、南北宽约110米，面积约18700平方米。因早年古邳
环山大沟疏浚取土，局部文化层遭到破坏。勘探采用东西与南北方向中心部分交会形成"十"字
的方式。遗址中心部因无法勘探，南北向成排的探孔以中心位置整体向西推移35米。东西方向
由东向西"E"为坐标，南北方向由北向南钻探"N"为坐标，探孔用"TK"，如东西方向第一
个探孔为"ETK01"，南北方向第一个探孔为"NTK01"，探孔间距为10米（图一九）。

图一九　巨山后王遗址平面（四角坐标）图

2. 地层堆积

文化层距地表深 1.8～2.8、厚 0.9～1.4 米。堆积边缘部分较薄，中心部分较厚（表二七～五五）。该遗址考古勘探地层，以探孔（2023SHETK10）为例，探孔坐标为北纬 34°9′34″、东经 117°52′59″。

据探孔土样土质土色，2023SHETK10 地层可分四层（图二○、二一；彩版一一，2）。

第①层：浅灰色耕土层。厚 0.3 米。沙土，土质疏松，包含植物根系。

第②层：浅黄色淤土层。深 0.3、厚 0.2 米。含沙，土质疏松。该层为明清时期黄泛淤积层。

第③层：浅黄褐色淤土层。深 0.5、厚 1.4 米。黏土，含细沙，土质较致密。该层为明清时期黄泛淤积层。

第④层：灰黑色沙土层。深 1.9、厚 1.4 米。土质较致密，包含灰陶片、砖瓦碎片。该层为汉代文化堆积层。

以下为黄褐色生土，土质致密、坚硬。

表二七　后王遗址东西向勘探探孔记录表（探孔编号：2023SHETK01） (单位：米)

地层编号	深度	厚度	土色	土质	致密度	包含物	备注
①	0	0.3	浅灰	黏土	疏松	植物根系	耕土
②	0.3	0.4	浅黄	沙	较致密	纯净	淤土堆积
③	0.7	1.9	浅黄褐	黏土	较致密	纯净	淤土堆积
④	2.6	1.0	灰黑	黏土	较致密	大量砖瓦碎片、灰、红陶片	汉代文化堆积
④以下	3.6		黄褐		致密	石块、铁锰颗粒	生土

表二八　后王遗址东西向勘探探孔记录表（探孔编号：2023SHETK02） (单位：米)

地层编号	深度	厚度	土色	土质	致密度	包含物	备注
①	0	0.3	浅灰	黏土	疏松	植物根系	耕土
②	0.3	0.4	浅黄	沙	较致密	纯净	淤土堆积
③	0.7	1.9	浅黄褐	黏土	较致密	纯净	淤土堆积
④	2.6	0.9	灰黑	黏土	较致密	大量砖瓦碎片、灰、红陶片	汉代文化堆积
④以下	3.5		黄褐		致密	石块、铁锰颗粒	生土

表二九 后王遗址东西向勘探探孔记录表（探孔编号：2023SHETK03）（单位：米）

地层编号	深度	厚度	土色	土质	致密度	包含物	备注
①	0	0.3	浅灰	黏土	疏松	植物根系	耕土
②	0.3	0.2	浅黄	沙	较致密	纯净	淤土堆积
③	0.5	1.9	浅黄褐	黏土	较致密	纯净	淤土堆积
④	2.4	1.1	灰黑	黏土	较致密	大量砖瓦碎片、灰、红陶片	汉代文化堆积
④以下	3.5		黄褐		致密	石块、铁锰颗粒	生土

表三〇 后王遗址东西向勘探探孔记录表（探孔编号：2023SHETK04）（单位：米）

地层编号	深度	厚度	土色	土质	致密度	包含物	备注
①	0	0.3	浅灰	黏土	疏松	植物根系	耕土
②	0.3	0.2	浅黄	沙	较致密	纯净	淤土堆积
③	0.5	1.5	浅黄褐	黏土	较致密	纯净	淤土堆积
④	2.0	1.2	灰黑	黏土	较致密	大量砖瓦碎片、灰、红陶片	汉代文化堆积
④以下	3.2		黄褐		致密	石块、铁锰颗粒	生土

表三一 后王遗址东西向勘探探孔记录表（探孔编号：2023SHETK05）（单位：米）

地层编号	深度	厚度	土色	土质	致密度	包含物	备注
①	0	0.3	浅灰	黏土	疏松	植物根系	耕土
②	0.3	0.2	浅黄	沙	较致密	纯净	淤土堆积
③	0.5	1.3	浅黄褐	黏土	较致密	纯净	淤土堆积
④	1.8	1.2	灰黑	黏土	较致密	大量砖瓦碎片、灰、红陶片	汉代文化堆积
④以下	3.0		黄褐		致密	石块、铁锰颗粒	生土

表三二　后王遗址东西向勘探探孔记录表（探孔编号：2023SHETK06）　(单位：米)

地层编号	深度	厚度	土色	土质	致密度	包含物	备注
①	0	0.3	浅灰	黏土	疏松	植物根系	耕土
②	0.3	0.2	浅黄	沙	较致密	纯净	淤土堆积
③	0.5	1.7	浅黄褐	黏土	较致密	纯净	淤土堆积
④	2.2	1.1	灰黑	黏土	较致密	大量砖瓦碎片、灰、红陶片	汉代文化堆积
④以下	3.3		黄褐		致密	石块、铁锰颗粒	生土

表三三　后王遗址东西向勘探探孔记录表（探孔编号：2023SHETK07）　(单位：米)

地层编号	深度	厚度	土色	土质	致密度	包含物	备注
①	0	0.3	浅灰	黏土	疏松	植物根系	耕土
②	0.3	0.2	浅黄	沙	较致密	纯净	淤土堆积
③	0.5	1.5	浅黄褐	黏土	较致密	纯净	淤土堆积
④	2.0	1.0	灰黑	黏土	较致密	大量砖瓦碎片、灰、红陶片	汉代文化堆积
④以下	3.0		黄褐		致密	石块、铁锰颗粒	生土

表三四　后王遗址东西向勘探探孔记录表（探孔编号：2023SHETK08）　(单位：米)

地层编号	深度	厚度	土色	土质	致密度	包含物	备注
①	0	0.3	浅灰	黏土	疏松	植物根系	耕土
②	0.3	0.3	浅黄	沙	较致密	纯净	淤土堆积
③	0.6	1.6	浅黄褐	黏土	较致密	纯净	淤土堆积
④	2.2	1.0	灰黑	黏土	较致密	大量砖瓦碎片、灰、红陶片	汉代文化堆积
④以下	3.2		黄褐		致密	石块、铁锰颗粒	生土

表三五　后王遗址东西向勘探探孔记录表（探孔编号：2023SHETK09）（单位：米）

地层编号	深度	厚度	土色	土质	致密度	包含物	备注
①	0	0.3	浅灰	黏土	疏松	植物根系	耕土
②	0.3	0.4	浅黄	沙	较致密	纯净	淤土堆积
③	0.7	1.1	浅黄褐	黏土	较致密	纯净	淤土堆积
④	1.8	1.4	灰黑	黏土	较致密	大量砖瓦碎片、灰、红陶片	汉代文化堆积
④以下	3.2		黄褐		致密	石块、铁锰颗粒	生土

表三六　后王遗址东西向勘探探孔记录表（探孔编号：2023SHETK10）（单位：米）

地层编号	深度	厚度	土色	土质	致密度	包含物	备注
①	0	0.3	浅灰	沙土	疏松	植物根系	耕土
②	0.3	0.2	浅黄	沙	疏松	纯净	淤土堆积
③	0.5	1.4	浅黄褐	黏土	较致密	纯净	淤土堆积
④	1.9	1.4	灰黑	黏土	较致密	大量砖瓦碎片、灰、红陶片	汉代文化堆积
④以下	3.3		黄褐		致密	石块、铁锰颗粒	生土

表三七　后王遗址东西向勘探探孔记录表（探孔编号：2023SHETK11）（单位：米）

地层编号	深度	厚度	土色	土质	致密度	包含物	备注
①	0	0.3	浅灰	黏土	疏松	植物根系	耕土
②	0.3	0.3	浅黄	沙	较致密	纯净	淤土堆积
③	0.6	2.0	浅黄褐	黏土	较致密	纯净	淤土堆积
④	2.6	0.8	灰黑	黏土	较致密	大量砖瓦碎片、灰、红陶片	汉代文化堆积
④以下	3.4		黄褐		致密	石块、铁锰颗粒	生土

表三八　后王遗址东西向勘探探孔记录表（探孔编号：2023SHETK12）

（单位：米）

地层编号	深度	厚度	土色	土质	致密度	包含物	备注
①	0	0.3	浅灰	黏土	疏松	植物根系	耕土
②	0.3	0.3	浅黄	沙	较致密	纯净	淤土堆积
③	0.6	1.4	浅黄褐	黏土	较致密	纯净	淤土堆积
④	2.0	1.2	灰黑	黏土	较致密	大量砖瓦碎片、灰、红陶片	汉代文化堆积
④以下	3.2		黄褐		致密	石块、铁锰颗粒	生土

表三九　后王遗址东西向勘探探孔记录表（探孔编号：2023SHETK13）

（单位：米）

地层编号	深度	厚度	土色	土质	致密度	包含物	备注
①	0	0.3	浅灰	黏土	疏松	植物根系	耕土
②	0.3	0.2	浅黄	沙	较致密	纯净	淤土堆积
③	0.5	1.3	浅黄褐	黏土	较致密	纯净	淤土堆积
④	1.8	1.5	灰黑	黏土	较致密	大量砖瓦碎片、灰、红陶片	汉代文化堆积
④以下	3.3		黄褐		致密	石块、铁锰颗粒	生土

表四〇　后王遗址东西向勘探探孔记录表（探孔编号：2023SHETK14）

（单位：米）

地层编号	深度	厚度	土色	土质	致密度	包含物	备注
①	0	0.3	浅灰	黏土	疏松	植物根系	耕土
②	0.3	0.3	浅黄	沙	较致密	纯净	淤土堆积
③	0.6	1.3	浅黄褐	黏土	较致密	纯净	淤土堆积
④	1.9	1.3	灰黑	黏土	较致密	大量砖瓦碎片、灰、红陶片	汉代文化堆积
④以下	3.2		黄褐		致密	石块、铁锰颗粒	生土

表四一 后王遗址东西向勘探探孔记录表（探孔编号：2023SHETK15） （单位：米）

地层编号	深度	厚度	土色	土质	致密度	包含物	备注
①	0	0.3	浅灰	黏土	疏松	植物根系	耕土
②	0.3	0.2	浅黄	沙	较致密	纯净	淤土堆积
③	0.5	1.5	浅黄褐	黏土	较致密	纯净	淤土堆积
④	2.0	1.2	灰黑	黏土	较致密	大量砖瓦碎片、灰、红陶片	汉代文化堆积
④以下	3.2		黄褐		致密	石块、铁锰颗粒	生土

表四二 后王遗址东西向勘探探孔记录表（探孔编号：2023SHETK16） （单位：米）

地层编号	深度	厚度	土色	土质	致密度	包含物	备注
①	0	0.3	浅灰	黏土	疏松	植物根系	耕土
②	0.3	0.3	浅黄	沙	较致密	纯净	淤土堆积
③	0.6	1.4	浅黄褐	黏土	较致密	纯净	淤土堆积
④	2.0	1.3	灰黑	黏土	较致密	大量砖瓦碎片、灰、红陶片	汉代文化堆积
④以下	3.3		黄褐		致密	石块、铁锰颗粒	生土

表四三 后王遗址东西向勘探探孔记录表（探孔编号：2023SHETK17） （单位：米）

地层编号	深度	厚度	土色	土质	致密度	包含物	备注
①	0	0.3	浅灰	黏土	疏松	植物根系	耕土
②	0.3	0.2	浅黄	沙	较致密	纯净	淤土堆积
③	0.5	1.7	浅黄褐	黏土	较致密	纯净	淤土堆积
④	2.2	1.1	灰黑	黏土	较致密	大量砖瓦碎片、灰、红陶片	汉代文化堆积
④以下	3.3		黄褐		致密	石块、铁锰颗粒	生土

表四四　后王遗址东西向勘探探孔记录表（探孔编号：2023SHETK18）（单位：米）

地层编号	深度	厚度	土色	土质	致密度	包含物	备注
①	0	0.3	浅灰	黏土	疏松	植物根系	耕土
②	0.3	0.3	浅黄	沙	较致密	纯净	淤土堆积
③	0.6	1.3	浅黄褐	黏土	较致密	纯净	淤土堆积
④	1.9	1.3	灰黑	黏土	较致密	大量砖瓦碎片、灰、红陶片	汉代文化堆积
④以下	3.2		黄褐		致密	石块、铁锰颗粒	生土

表四五　后王遗址南北向勘探探孔记录表（探孔编号：2023SHNTK01）（单位：米）

地层编号	深度	厚度	土色	土质	致密度	包含物	备注
①	0	0.3	浅灰	黏土	疏松	植物根系	耕土
②	0.3	0.5	浅黄	沙	较致密	纯净	淤土堆积
③	0.8	2.0	浅黄褐	黏土	较致密	纯净	淤土堆积
④	2.8	0.6	灰黑	黏土	较致密	大量砖瓦碎片、灰、红陶片	汉代文化堆积
④以下	3.4		黄褐		致密	石块、铁锰颗粒	生土

表四六　后王遗址南北向勘探探孔记录表（探孔编号：2023SHNTK02）（单位：米）

地层编号	深度	厚度	土色	土质	致密度	包含物	备注
①	0	0.3	浅灰	黏土	疏松	植物根系	耕土
②	0.3	0.4	浅黄	沙	较致密	纯净	淤土堆积
③	0.7	2.0	浅黄褐	黏土	较致密	纯净	淤土堆积
④	2.7	0.8	灰黑	黏土	较致密	大量砖瓦碎片、灰、红陶片	汉代文化堆积
④以下	3.5		黄褐		致密	石块、铁锰颗粒	生土

表四七　后王遗址南北向勘探探孔记录表（探孔编号：2023SHNTK03） (单位：米)

地层编号	深度	厚度	土色	土质	致密度	包含物	备注
①	0	0.3	浅灰	黏土	疏松	植物根系	耕土
②	0.3	0.4	浅黄	沙	较致密	纯净	淤土堆积
③	0.7	1.9	浅黄褐	黏土	较致密	纯净	淤土堆积
④	2.6	0.7	灰黑	黏土	较致密	大量砖瓦碎片、灰、红陶片	汉代文化堆积
④以下	3.3		黄褐		致密	石块、铁锰颗粒	生土

表四八　后王遗址南北向勘探探孔记录表（探孔编号：2023SHNTK04） (单位：米)

地层编号	深度	厚度	土色	土质	致密度	包含物	备注
①	0	0.3	浅灰	黏土	疏松	植物根系	耕土
②	0.3	0.4	浅黄	沙	较致密	纯净	淤土堆积
③	0.7	2.1	浅黄褐	黏土	较致密	纯净	淤土堆积
④	2.8	1.2	灰黑	黏土	较致密	大量砖瓦碎片、灰、红陶片	汉代文化堆积
④以下	4.0		黄褐		致密	石块、铁锰颗粒	生土

表四九　后王遗址南北向勘探探孔记录表（探孔编号：2023SHNTK05） (单位：米)

地层编号	深度	厚度	土色	土质	致密度	包含物	备注
①	0	0.3	浅灰	黏土	疏松	植物根系	耕土
②	0.3	0.4	浅黄	沙	较致密	纯净	淤土堆积
③	0.7	2.0	浅黄褐	黏土	较致密	纯净	淤土堆积
④	2.7	1.1	灰黑	黏土	较致密	大量砖瓦碎片、灰、红陶片	汉代文化堆积
④以下	3.8		黄褐		致密	石块、铁锰颗粒	生土

表五〇　后王遗址南北向勘探探孔记录表（探孔编号：2023SHNTK06）（单位：米）

地层编号	深度	厚度	土色	土质	致密度	包含物	备注
①	0	0.3	浅灰	黏土	疏松	植物根系	耕土
②	0.3	0.4	浅黄	沙	较致密	纯净	淤土堆积
③	0.7	2.0	浅黄褐	黏土	较致密	纯净	淤土堆积
④	2.7	1.1	灰黑	黏土	较致密	大量砖瓦碎片、灰、红陶片	汉代文化堆积
④以下	3.8		黄褐		致密	石块、铁锰颗粒	生土

表五一　后王遗址南北向勘探探孔记录表（探孔编号：2023SHNTK07）（单位：米）

地层编号	深度	厚度	土色	土质	致密度	包含物	备注
①	0	0.3	浅灰	黏土	疏松	植物根系	耕土
②	0.3	0.9	浅黄	沙	较致密	纯净	淤土堆积
③	1.2	1.2	浅黄褐	黏土	较致密	纯净	淤土堆积
④	2.4	0.9	灰黑	黏土	较致密	大量砖瓦碎片、灰、红陶片	汉代文化堆积
④以下	3.3		黄褐		致密	石块、铁锰颗粒	生土

表五二　后王遗址南北向勘探探孔记录表（探孔编号：2023SHNTK08）（单位：米）

地层编号	深度	厚度	土色	土质	致密度	包含物	备注
①	0	0.3	浅灰	黏土	疏松	植物根系	耕土
②	0.3	0.7	浅黄	沙	较致密	纯净	淤土堆积
③	1.0	1.6	浅黄褐	黏土	较致密	纯净	淤土堆积
④	2.6	0.8	灰黑	黏土	较致密	大量砖瓦碎片、灰、红陶片	汉代文化堆积
④以下	3.4		黄褐		致密	石块、铁锰颗粒	生土

表五三　后王遗址南北向勘探探孔记录表（探孔编号：2023SHNTK09）（单位：米）

地层编号	深度	厚度	土色	土质	致密度	包含物	备注
①	0	0.3	浅灰	黏土	疏松	植物根系	耕土
②	0.3	0.7	浅黄	沙	较致密	纯净	淤土堆积
③	1.0	1.5	浅黄褐	黏土	较致密	纯净	淤土堆积
④	2.5	1.1	灰黑	黏土	较致密	大量砖瓦碎片、灰、红陶片	汉代文化堆积
④以下	3.6		黄褐		致密	石块、铁锰颗粒	生土

表五四　后王遗址南北向勘探探孔记录表（探孔编号：2023SHNTK10）（单位：米）

地层编号	深度	厚度	土色	土质	致密度	包含物	备注
①	0	0.3	浅灰	黏土	疏松	植物根系	耕土
②	0.3	0.7	浅黄	沙	较致密	纯净	淤土堆积
③	1.0	1.7	浅黄褐	黏土	较致密	纯净	淤土堆积
④	2.7	0.8	灰黑	黏土	较致密	大量砖瓦碎片、灰、红陶片	汉代文化堆积
④以下	3.5		黄褐		致密	石块、铁锰颗粒	生土

表五五　后王遗址南北向勘探探孔记录表（探孔编号：2023SHNTK11）（单位：米）

地层编号	深度	厚度	土色	土质	致密度	包含物	备注
①	0	0.3	浅灰	黏土	疏松	植物根系	耕土
②	0.3	0.8	浅黄	沙	较致密	纯净	淤土堆积
③	1.1	1.5	浅黄褐	黏土	较致密	纯净	淤土堆积
④	2.6	1.2	灰黑	黏土	较致密	大量砖瓦碎片、灰、红陶片	汉代文化堆积
④以下	3.8		黄褐		致密	石块、铁锰颗粒	生土

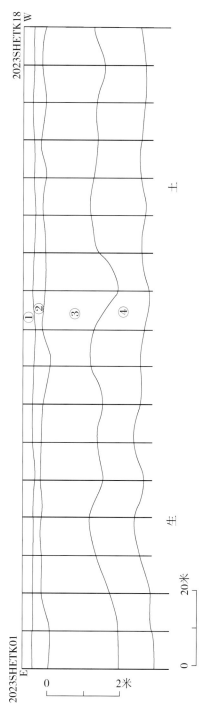

图二〇　巨山后王遗址遗迹东西向探孔勘探地层图

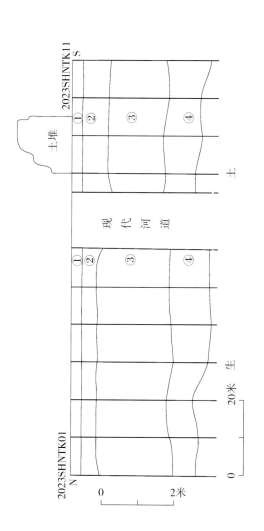

图二一　巨山后王遗址遗迹南北向探孔勘探地层图

（三）采集遗物

采集陶片以泥质陶为主，纹饰有绳纹、弦纹等。可辨器形有汉代筒瓦、板瓦、瓦当、陶器腹片、铁釜残片等（SHC代表睢宁巨山后王遗址采集点；表五六）。

表五六　巨山后王遗址采集遗物登记表

编号	名称	数量	质地	现状	年代
2023SHC：1	陶罐腹片	1	夹砂灰陶	残	汉代
2023SHC：2	筒瓦	1	夹砂灰陶	残	汉代
2023SHC：3	筒瓦	1	夹砂灰陶	残	汉代
2023SHC：4	板瓦	1	夹砂灰陶	残	汉代
2023SHC：5	铁釜腹片	1	铁	残	汉代

陶罐腹片　1件。

标本2023SHC：1，夹砂灰陶。弧腹，腹部饰绳纹。残高8.6、残宽10.1、厚0.7～0.9厘米（图二二，1；彩版一二，1）。

筒瓦　2件。

标本2023SHC：2，残。夹砂灰陶。瓦舌和瓦身皆残，瓦身凸面饰绳纹，凹面饰布纹。残长9.8、残宽11.2、厚1厘米（图二二，2；彩版一二，2）。

标本2023SHC：3，瓦身残片。夹砂灰陶。凸面饰绳纹，凹面饰布纹。残长6.7、残宽6.7、厚1厘米（图二二，3；彩版一二，3）。

板瓦　1件。

标本2023SHC：4，残。夹砂灰陶。凹凸两面皆饰绳纹。残长14.6、残宽4.4～6、厚0.6厘米（图二二，4；彩版一二，4）。

铁釜腹片　1件。

标本2023SHC：5，生铁浇筑，折腹，器壁较厚。残长13.3、残宽8.5、厚0.6厘米（图二三；彩版一二，5）。

据遗址地层堆积及采集遗物分析，该遗址时代为汉代。

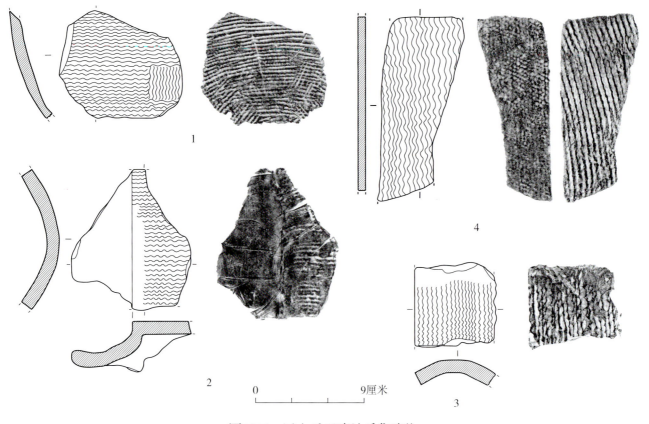

图二二 巨山后王遗址采集遗物

1.陶罐腹片2023SHC：1 2、3.筒瓦2023SHC：2、3 4.板瓦2023SHC：4

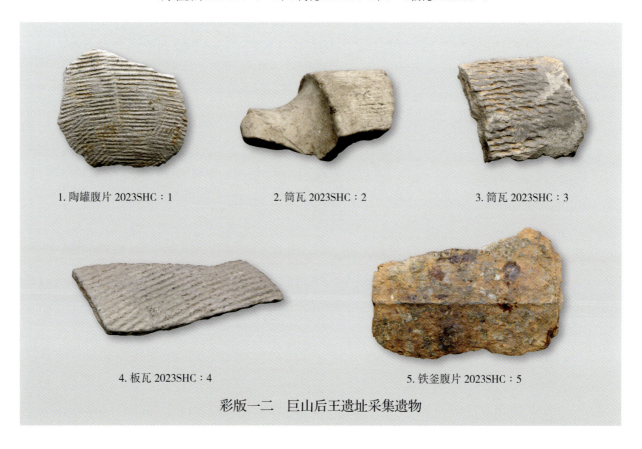

1. 陶罐腹片 2023SHC：1   2. 筒瓦 2023SHC：2   3. 筒瓦 2023SHC：3

4. 板瓦 2023SHC：4   5. 铁釜腹片 2023SHC：5

彩版一二 巨山后王遗址采集遗物

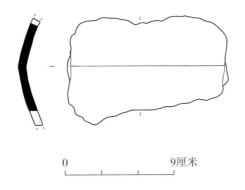

图二三　巨山后王遗址采集铁釜腹片 2023SHC：5

四　东涧营遗址

（一）遗址概况

东涧营遗址位于江苏省睢宁县姚集镇大同社区东涧营组（图二；彩版一三，1）。遗址属于缓坡丘陵地带，西、南被村庄包围，南 900 米有锅山、锅山水库，东距白山约 2、北距民便河约 1.2 千米。周围地势整体南高北低，土壤为黄褐色黏土，含沙粒、石块等。地表种植农作物有大蒜、小麦、花生等。

西北角坐标为北纬 34°8′19″、东经 117°43′49″，东北角坐标为北纬 34°8′19″、东经 117°43′53″，西南角坐标为北纬 34°8′13″、东经 117°43′49″，东南角坐标为北纬 34°8′13″、东经 117°43′53″，中心坐标为北纬 34°8′16″、东经 117°43′51″，海拔约 30 米。

（二）遗址范围与地层堆积

1. 遗址范围

东涧营遗址主体部分南北长约 100、东西宽约 70 米，分布面积约 7000 平方米（图二四）。1961 年 10～12 月，南京博物院调查发现。报告表述该遗址位于睢宁张圩梁山脚下，略高于四周平地，东部有河经过。地表灰土，普遍发现古代遗物。有汉代绳纹板瓦、筒瓦、罐、缸、盆及三棱铜箭镞，陶器以轮制为主[1]。

2. 地层堆积

由于遗址地处缓坡丘陵地带，可能因农田耕种被严重破坏，未见文化层堆积，耕土下即为黄褐色生土，致密。

---

[1] 尹焕章、赵青芳：《淮阴地区考古调查》，《考古》1963年第1期。

1. 东涧营遗址现状（东—西）

2. 东涧营遗址采集遗物

彩版一三　东涧营遗址现状及采集遗物

（三）采集遗物

遗址表面发现有较多青砖碎块、绳纹板瓦、筒瓦碎片、红陶、灰陶片等遗物（彩版一三，2）。

据遗址地表采集遗物分析，该遗址时代应为一处汉代聚落遗存。

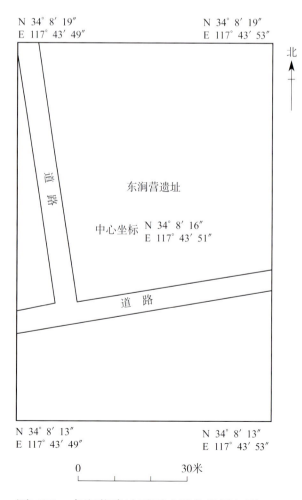

N 34° 8′ 19″
E 117° 43′ 49″

N 34° 8′ 19″
E 117° 43′ 53″

北

道路

东涧营遗址

中心坐标　N 34° 8′ 16″
E 117° 43′ 51″

道　路

N 34° 8′ 13″
E 117° 43′ 49″

N 34° 8′ 13″
E 117° 43′ 53″

0　　　　　　30米

图二四　东涧营遗址平面（四角坐标）图

第四章 窑址调查

本次共调查汉代窑址 2 个，即刘楼窑址、张山窑址。

一 刘楼窑址

（一）窑址概况

刘楼窑址位于蛟龙村刘楼墓葬群保护范围内，主要分布在蛟龙山下坡，南距刘楼一二号墓约100 米（图二；彩版一四，1、2），面积 20000 平方米。刘楼窑址东有双孤堆古墓葬，南有清水畔水库、清水畔墓葬群，西部紧挨花山和花山墓葬群，北部与邳州相邻。该区域为红褐色黏土，含沙粒，夹杂小石子。地表种植有元宝槭、侧柏、槐树、泡桐等树木。

中心坐标为北纬 34°6′56″、东经 117°45′19″，海拔约 50 米。

（二）窑址调查与考古发掘

此次调查仅发现窑炉数座，散落的窑渣多处，疑因长期裸露破坏或山体塌方掩埋。

2001 年 11 月，徐州博物馆、睢宁县博物馆联合考古调查共发现窑炉 40 余座，并清理 3 座。刘楼窑址窑炉均在生土上向下挖掘而成。以 Y1、Y3 为例。

1.Y1

Y1 呈圆筒状。直径为 2、深 3.5 米。在窑室西南部距窑底 2 米处有一长方形的投料台，投料台为石块垒砌。长 1.05、宽 0.65、深 0.5 米。在投料台下方距窑底 0.9 米处有一宽 15、深 10、高15 厘米的脚窝。窑室内堆积可分为四层：第一层为棕红色土层，其间夹杂较多的石块，厚 1.9 米；第二层为黑褐色焦化物堆积层，厚 0.11 米；第三层为石灰层，厚 0.1 米，均为块状石灰、未烧成石灰的石块；第四层为灰层，厚 0.5 米，黑色的灰层内尚有未完全燃烧的树枝、秸秆等。

2.Y3

Y3 呈圆筒状。直径为 2.0、残深 0.4 米。窑室内残存块状石灰、未烧成石灰的石块、烧焦的块状物、黑色的灰烬等。在窑室的东北部有由低至高的四级火道（或风道）通到窑室底部。在窑室内的堆积物中发现有汉代的砖块等。

1. 刘楼窑址暴露的窑炉（现状）

2. 刘楼窑址暴露的窑渣（现状）

彩版一四　刘楼窑址暴露窑炉

　　经发掘确认，刘楼窑址应为东汉时期石灰窑群。

　　因窑址主要分布在蛟龙山山前、山后的坡地土墩上，紧邻刘楼墓葬群和双孤堆古墓葬，故刘楼窑址可能为周围墓葬烧制修筑所需石灰之用。

二　张山窑址

（一）窑址概况

张山窑址位于睢宁县官山镇张山墓葬群区域内张山南坡底部。张山为一座低矮山丘，周边大部分属基本农田。窑址区域地表为黄褐色土，含沙，种植有槐树、泡桐、白杨等树木。

中心坐标为北纬 33°47′37″、东经 117°51′43″，区域海拔 20～39 米。

（二）窑址调查

2019 年，张山窑址在城乡建设复垦项目施工中发现，现已为农田。

窑址上部为取土扰动，仅存窑体基础部分，窑体呈圆形。直径约 2 米。在红土内开挖窑室，未砌筑窑墙，窑墙分为三层，最外层为褐色烧结层，中间为紫色烧结层，内层为红烧土烧结层，每层厚约 0.10 米，窑内为红烧土堆积。可见有汉代绳纹陶罐片、红陶口沿等（彩版一五，1～3）。

据窑址位置及出土包含物，张山窑址可能为周围墓地烧造墓葬随葬陶器之用。

1. 张山窑址 Y1 清理前

2. 张山窑址 Y1 剖面

3. 张山窑址 Y1 清理后

彩版一五　张山窑址 Y1

第五章　墓葬调查

本次共调查汉代墓葬、墓群 43 个，分别为双孤堆古墓葬、刘楼墓葬群、九女墩墓地、窦山墓葬群、张山墓葬群、小山墓葬群、墓山墓葬群、岠山墓葬群、半戈山墓葬群、二龙山墓葬群、新龙河墓葬群、官山墓葬群、锅山墓葬群、峰山墓葬群、望山墓葬群、双棋山墓葬群、徐沙河墓葬群、西山墓葬群、姚山头墓葬群、汤山墓葬群、青山头墓葬群、良山墓葬群、花山墓葬群、坝山墓葬群、崔山墓葬群、独山墓葬群、韩山墓葬群、红山墓葬群、鸡宝山墓葬群、鸡宝村墓葬群、龙头山墓葬群、蛟龙山墓葬群、梁山墓葬群、清水畔墓葬群、宋山墓葬群、铁寺墓葬群、朱圩墓葬群、鲤鱼山墓葬群、西涧营墓葬群、磨山墓葬群、羊山墓葬群、青陵台古墓葬、东付家古墓葬。

一　双孤堆古墓葬

（一）墓葬概况

双孤堆古墓葬位于睢宁县城西北 33 千米的姚集镇蛟龙村蛟龙山的东侧（图二；彩版一六），因平地凸起两个土堆得名。墓葬南靠泗水故道，西南 1 千米处是清水畔水库；西距刘楼汉墓群 1.5 千米；东距下邳故城遗址 11 千米。目前可见东西 2 个大型封土墩，1 号墩较大，居西，住于村庄之中，2 号墩居东，两墩相距约 250 米，编号 M1、M2。

M1 地理坐标为北纬 34°07′30.1″、东经 117°46′30.8″，海拔 38 米。

《后汉书·郡国志》注引《北征记》曰："县北有大冢，徐君墓。"《睢宁县志》则云：双孤堆古墓葬为东汉范丹、西晋石崇之墓。据传说，此处是下邳王陵所在地。1982 年 3 月，江苏省政府公布双孤堆古墓葬为第三批省级文物保护单位。

（二）墓葬勘探

为厘清双孤堆 2 座墓葬之间的关系及其陵园布局，南京博物院 M1、M2 进行了初步的考古勘探（图二五）。

1.M1

墓葬封土较大，呈台形，残高 12 米（彩版一七，1）。封土顶部较平，平面呈椭圆形，直径约 40 米。封土坡面斜直，断面裸露。夯筑痕迹明显，夯层厚 0.2～0.3 米。底部圆角长方形，南

彩版一六　双孤堆古墓葬现状航拍（南—北）

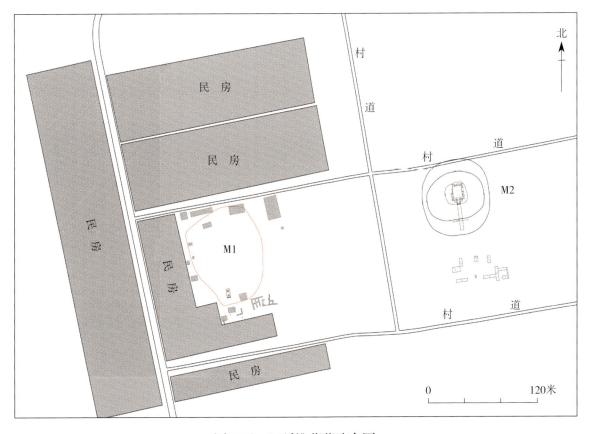

图二五　双孤堆墓葬分布图

1. 双孤堆古墓葬 M1 封土航拍（东—西）

2. 双孤堆古墓葬 M2 封土航拍（北—南）

彩版一七　双孤堆古墓葬封土航拍

北最长 100、东西最宽 80 米。封土表层堆积夹杂少量汉代绳纹瓦片。

　　M1 为砖、石混砌带徼道单后室"甲"字形墓葬。主要由墓道、徼道、后室组成，墓室、徼道皆砖筑，上部有大型石块叠压。墓道位于封土南侧，呈长条形斜坡状，宽 3.5、已勘探长度 9.6、最深 4 米。方向 170°。封土南侧、东南侧皆发现建筑遗迹，以东南部较为集中。建筑遗迹距地表约 2 米深，其上为耕土层和黄泛淤积层。南侧建筑遗迹有的呈长条形，砖石混砌，宽 1、最长 16米，有直角转折，应为建筑墙体；东南侧建筑遗迹有明显的连排分间布局，面积最小为 3 米 ×4 米，最大为 4×6 平方米。建筑遗迹周边分布有大量的砖瓦堆积，应为建筑的倒塌堆积。

2.M2

封土较小，呈方锥形，残高 5 米（彩版一七，2）。封土顶部较平，平面呈圆角方形，边长约 25 米。封土坡度较缓。底部呈方形，边长约 60 米。地表见有绳纹瓦片。经勘探，原墓葬封土南北长 81、东西宽 75 米。

经初步勘探确认，M2 墓葬形制与 M1 相同，为砖、石混砌带徼道单后室"甲"字形。由墓道、甬道、耳室、徼道、后室组成。由于该墓多次被盗扰，墓葬结构破坏严重，墓室深度不一，局部垒砌有石块。墓道居南，长 27.7、宽 3.8、最深 6.5 米。石质挡土墙位于墓道与前室之间，宽 3.6、厚 0.5、残高 2.1 米。甬道长 5.7、内宽 2.4、残高 4.7 米。两个耳室位于甬道两侧，长 2.5、宽 2、残高 1.5 米。墓室为砖筑，券顶距现封土顶面 6.2 米，南北长 16、东西宽 14、残高 6 米。徼道居于后室周围，残高 5 米。墓室石墙宽 1、高 2.9 米。

在 M2 封土外围的勘探中，于墓道东西两侧发现房址 4 座（F1～F4）、单体石质遗迹 1 个、道路 2 条。遗迹均处同一层位，修建在生土之上，距地表深约 4.2 米。房屋遗迹与道路遗迹均为青砖与瓦片构成。F1、F2 位于墓道南 42 米处，南北长 6、东西宽 3 米。F3 位于 F1、F2 东南，南北长 7.5、东西宽 3 米。F3 东南为 F4，南北长 14、东西宽 3 米。石质遗迹位于墓道南 62 米偏东，呈长方形，为南北摆放，南高北低，南北长 3.2、东西宽 1.4 米。在墓道前方发现有瓦片铺砌遗迹，可能为道路。南北向，瓦片比较松散，宽约 5 米。另一条道路位于墓道正南 65.5 米处，东西向，宽 3 米，向东与 F4 相连，向西穿越墓道中心线延伸 15 米。

（三）地层堆积

双孤堆墓葬区地层堆积相同，以 M2 所在区域地层堆积为例。

据土质土色，该区域地层堆积可分为七层。

第①层：耕土层。厚 0.2 米。土色深灰，土质黏土，致密疏松，包含植物根系。

第②层：淤土层。深 0.2、厚 0.6 米。土色红褐，土质黏土，较致密。该层应为黄泛淤积层。

第③层：淤土层。深 0.8、厚 0.9 米。土色灰褐，土质黏土，较疏松。该层应为黄泛淤积层。

第④层：淤沙层。深 1.7、厚 1.0 米。土色黄，土质沙，较疏松。该层应为黄泛淤积层。

第⑤层：淤土层。深 2.7、厚 0.3 米。土色黄褐，土质黏土，较疏松。该层应为黄泛淤积层。

第⑥层：淤土层。深 3.0、厚 1.0 米。土色浅青灰，土质黏土，较疏松。该层应为黄泛淤积层。

第⑦层：淤土层。深 4.0、厚 0.2 米。土色青灰，土质黏土，较疏松。该层应为黄泛淤积层。该层下发现房址、石质遗迹和道路。

以下为黄色生土层。

从墓葬形制结构分析，双孤堆墓葬 M1、M2 均为典型的东汉诸侯王陵墓葬形制。据文献及相关考古发掘情况，双孤堆墓葬为东汉下邳国王陵，封土前发现的建筑应为陵园建筑。

二　刘楼墓葬群

（一）墓葬群概况

　　刘楼墓葬群位于姚集镇刘楼村（图二；彩版一八），东距下邳故城约 10 千米。刘楼墓葬群北靠蛟龙山，南部为农田，地势北高南低，呈缓坡状，南北落差 10 余米，一条深约 2.5 米山沟，从中部南北向贯穿。区域内为黄褐色黏土，含沙粒、石块等。地表杂生低矮植物如羊茅、牧荆、天蓝苜蓿、草沙蚕等。墓葬主要分布在刘楼村内，部分压在村民民房或院落下，有的封土较明显，有的被平整为高台地，位于山沟东西两侧的墓葬南北排列有序，墓葬群总面积约 10000 平方米。1991 年 3 月 29 日，被公布为睢宁县县级文物保护单位。

　　墓葬群中心坐标为北纬 34°6′55″、东经 117°45′23″，海拔约 41 米。

（二）墓葬群调查与考古发掘

　　本次调查，在刘楼墓葬群共发现封土墩 10 余座。封土直径约 20、高约 2 米。

彩版一八　刘楼墓葬群现状（西南—东北）

1975、1995、2002 年，曾对刘楼墓葬群进行了抢救性发掘，发掘墓葬 3 座，编号为 M1 ～ M3。

1.M1

M1 位于现刘楼小学北约 60 米，因扩建校舍时被发现。方向 145°，平面呈"凸"字形，由墓道、甬道、前室及二耳室、中室、后室等组成，主体为横穴砖室墓。封土经夯筑，发掘时有土堆。墓道居南，墓葬南北长 11.9、东西宽 6 米。砖砌封门位于南北向窄长前室南端，封门内前室南北长 4.3、东西宽 1.5 米，中部东、西两侧各有一东西长 1.2、南北宽 1 米的耳室，内皆置有陶器。前室北端与东西长 5、南北宽 3 米的不规整中室相接，中室北端为南北长 3.6、东西宽 1.75 米的后室。墓葬券顶已坍塌，起券的楔形砖长 48、宽 28 ～ 40、厚 12 厘米；墓壁用二顺一丁的方法砌成，砖为灰黑色，长 48、宽 24、厚 12 厘米。中室西南角发现人骨残迹，头骨被移动，经鉴定为 6 岁儿童。西壁有白灰书写的"司空"二字。

该墓虽早年被盗，出土随葬品仍较为丰富，有陶器、铜器、玉器等。其中，陶器有罐、缸、绿釉壶、双耳釉陶壶、耳杯、楼、猪圈、灶、磨、猪、狗、鸡、鸭、鹅等；铜器有牛灯、盆、鼎甗、釜甑、提梁熏炉、雁足灯、洗、弩机、镦、铺首、镜、铜钱等；玉器有银缕及铜缕玉衣片；另有铁剑、铁刀及铅俑等。

2.M2

M2 位于 M1 的西北约 30 米。方向 0°，由墓道、甬道、前、中、后三室组成，前有墓道宽 1.8 米，后端为两道封门墙，总厚度达 1 米。前室长 3.25、宽 1.8、高 2.4 米，券顶；中室东西长 4.7、南北宽 2.3 米，西壁有白灰书写的"司空"二字；后室长 3.9、宽 1.8 米。

墓葬早年被盗，中、后室顶部已塌毁。大部分器物出土于前室，基本上未经扰乱，以兵器和车马器为主，多铜质，部分鎏金（彩版一九、二〇）。兵器主要有刀、矛、戟、铩、弩机等；车马器有当卢、盖弓帽、軎、仪、伞柄箍、小铜铃、小铜帽、泡钉、小铜泡、钩形器、衔镳、柿蒂形饰等，器形较小，应为明器。此外，还有陶罐、印纹硬陶瓿、印纹硬陶罐、滑石蝉等。

3.M3

M3 位于 M1 东侧约 250 米。方向 0°，以砖砌为主的砖石混合结构墓葬。平面呈"凸"字形，封土经夯筑，发掘时有低矮土堆。由墓道、挡土墙、甬道、前室、东西耳室、中室、左右侧室及后室组成。墓道呈斜坡形，后部在地表以上以砖砌弧形挡土墙，以阻止封土掩埋墓道。因墓葬早年被盗，前室及中室的顶部已塌毁。前室南北长 4.56、东西宽 2.22 米，前端及后端的东、西两侧为 8 块正方形块石垒砌的石柱，总高度为 1.92 米。前端石柱之间底部以方形块石铺底，应为门道，门道处未见有封门痕迹；后端石柱之间则形成中室门道。前室东、西各有一间耳室，保存完整，顶部以一层砖券顶。中室南北长 3.9、东西宽 2.22 米，南、北两端的东、西两侧也各有方形块石垒砌的石柱，高为 2.5 米。中室东、西两侧各有一间侧室，保存完整，用了上、下两层券顶，西侧室西壁墙上有白灰书写的"司空"二字，字体为隶书。后室南北长 4.3、东西宽 2、高 4.26 米，

1. 鎏金铜矛　　　　　　　　　　　　　　2. 铜刀

3. 鎏金铜弩机　　　　　　　　　　　　　4. 铜伞套管

彩版一九　刘楼墓葬群 M2 出土铜器

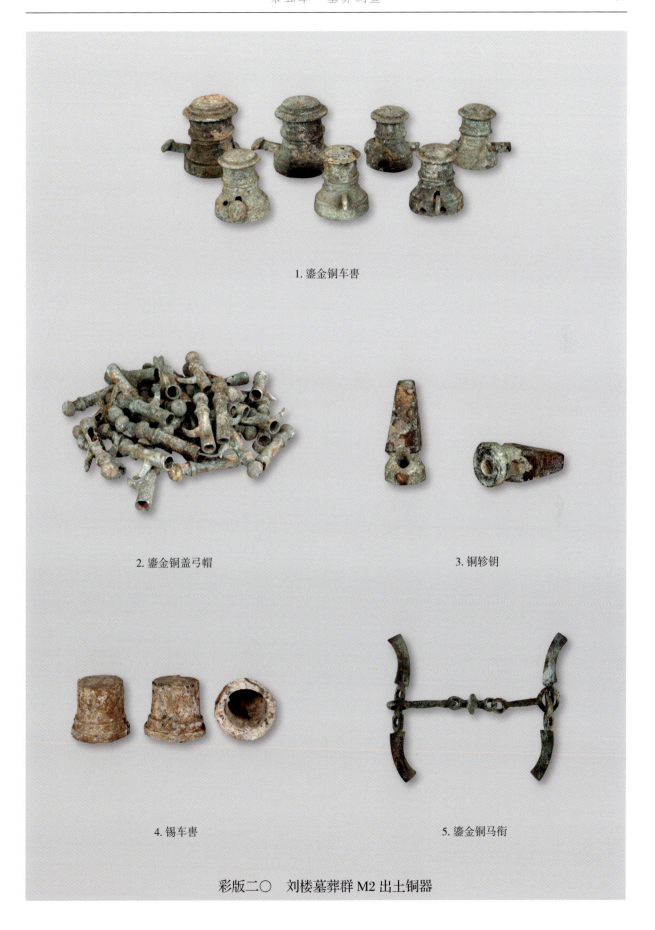

1. 鎏金铜车軎

2. 鎏金铜盖弓帽

3. 铜軝钥

4. 锡车軎

5. 鎏金铜马衔

彩版二〇　刘楼墓葬群 M2 出土铜器

保存完整,顶部也用两层砖券顶。

　　因盗扰,仅墓道填土中出土贝壳一组,墓室填土中出土铁锸 1 件、筒瓦 1 件,均残。

　　刘楼 M1～M3 中室西壁皆有白灰书写的"司空"二字。《后汉书·百官志一》载:"司空,公一人。本注曰:掌水土事。凡营城起邑、浚沟洫、修坟防之事,则议其利,建其功。凡四方水土功课,岁尽则奏其殿最而行赏罚。凡郊祀之事,掌扫除乐器,大丧则掌将校复土。凡国有大造大疑,谏争与太尉同。"司空应为当时掌管土木营建之事的官员,主要职责包括修建陵墓。在徐州狮子山西汉楚王墓的陪葬墓绣球山汉墓及驮篮山西汉楚王墓地均发现有"司空"或"宫司空"铭文的陶器碎片,也证明了这 2 处楚王陵墓或陪葬墓的修建是由司空主持营建的。

　　刘楼墓葬群墓葬属于中等规模,结构简单,形制略有差异,不属诸侯王陵墓。由于墓内出土一定数量的铜缕玉衣片和少量银缕玉衣片、鎏金车马明器、铜牛灯等随葬器物,说明墓主人身份相对较高。《后汉书·礼仪志》载:"诸侯王、列侯、始封贵人、公主薨,皆令赠印玺、玉柙银缕;大贵人、长公主铜缕。"因其地处东汉下邳国封域内,紧邻双孤堆墓葬 M1、M2,故刘楼墓葬群应为东汉下邳国高等级贵族墓葬区,为双孤堆下邳王陵的陪葬墓区,刘楼 M1～M3 可能为东汉下邳国列侯或王室家族成员的墓葬。

三　九女墩墓地

(一)墓地概况

　　九女墩墓地位于睢宁县桃园镇旧朱彭社区西北约 250 米农田内,面积约 400 平方米(图二;彩版二一)。传说九女墩之"九女"是指排行第九的女人。清光绪《睢宁县志稿》卷七:"九女墩,旧志载,九女兜土葬亲而成,则墩当为墓,惜未详其姓氏年月,毫无证据。"

　　1954 年,墓葬发掘清理后,墓坑因未及时回填,现已形成一个近方形池塘。墓地东侧紧邻小路,周边为基本农田,地势较为平坦。

　　墓地中心坐标为北纬 33°50′5″、东经 117°49′3″,海拔约 20 米。

(二)墓地发掘

　　1954 年 4 月 23 日,经申报批准进行了发掘。

　　墓葬平面呈"甲"字形,墓坑开口南北长 15、东西宽 11.5、深 3.3 米,方向 185°。分墓道、墓门、甬道、前、中、后三室,前室东西各附耳室一间。墓道为八字形,东西各砌砖墙一堵(砖多楔形,间有少数长方形的),表面用石灰粉饰。墓门前砌有砖墙,用乱砖堵塞。墓门有二,均为石质。东侧的门高 1.48、宽 1.26 米。西侧的门稍窄,高 1.50、宽 0.57 米。中置石门框,上设石门楣。中室并立石柱 2 根,后室东西排列石柱 3 根,并置石门额。墓室有九座门:墓门 2、两耳室门 2、中室门 2、后室门 3,除墓门有两扇石门外,余均无门扉。

彩版二一　九女墩墓地现状（西—东）

九女墩墓地出土石构件上刻有人物、龙、凤、车马、兽、桥、水、虫、鱼等不同纹饰。边多涂朱，雕工质朴，内容以祥瑞题材为主，部分画像内容主要为祥瑞题材和人间图景的组合。

前室门楣，长 2.88、宽 0.45、厚 0.32 米。画面为横向构图，分为上下两层，上层画像内容部分残缺，自右至左依次刻羽人、麒麟、青龙、嘉禾、玄龟。边框向内有鸟头纹和云纹，边框内刻水波纹。下层分左、中、右三格。左右两格分别刻一兽面形饕餮；中格刻双龙传璧，二龙缠体相交，左右穿双结，中间穿单结，玉璧两侧分别刻一熊罴。下层边框纹饰为水波纹，分格框周边刻直条纹。

墓门西扉，长 1.47、宽 0.56、厚 0.13 米。画面为竖构图，分为上下两层，上层主画面刻一凤凰，其中还刻有飞鸟、云气纹、鸟头纹，分割处边框上刻波浪纹，边框内部刻直条纹。下层主画面为铺首衔环，环上拴结飘带，右卜角刻一持戟卫士，画面中还刻有云纹和鸟头纹（图二六，1）。

墓门东扉，长 1.56、宽 1.29、厚 0.15 米。画面为竖构图，分为上下两层，上层主画面刻羽人饲凤，另有凤鸟异龙和仙植瑞草。下层刻两位侍者手捧食物，人物右侧刻铺首衔环，人物下面刻有龙和仙草。上下两层由边框延伸入画面刻有鸟头和云纹，四周边框和上下层分割线内刻直条纹（图二六，2）。

墓中室立柱，长 1.52、宽 0.24、厚 0.32 米。画面为竖构图，下部残缺严重，可见画面内容刻有异兽和凤鸟，边框向画面延伸刻有鸟头，边框内部刻水波纹。

中室西壁山墙，长 2.76、宽 0.98、厚 0.14 米。半圆形，主画刻一座桥梁，桥上有车马出行车队。桥面有两个灯柱，桥头两端有两个蹲兽。桥下有人捕鱼。画面上部边缘刻伸出的鸟头，车队上方刻一羽人飞在空中，旁边刻飞鸟。

1

2

3

图二六　九女墩墓地出土画像石拓片

1.九女墩墓地墓门西扉（铺首衔环）　2.九女墩墓地墓门东扉（侍者献食）　3.九女墩墓地中室侧壁（神兽夺鼎）

中室横梁，长 1.16、宽 0.25、厚 0.34 米。画面为横构图，画面自左至右刻有瑞植，蓂莆，羽人，九华灯，九华灯下部刻两异兽，持节羽人，灵芝，麒麟。画面右侧边框向内刻有延伸的云纹，边框内部刻直条纹。

墓门正中支柱石，长 1.54、宽 0.24、厚 0.33 米。画面为竖构图，画面有青龙、白虎，边框内刻水波纹，边框向内延伸刻云纹。

中室正中支柱石，长 1.54、宽 0.23、厚 0.38 米。画面为竖构图，画面分上下两格，上格小，下格大。主画面刻青龙，底部刻一异兽。上格刻兽面，瞪大眼，张大口，面部狰狞。边框内刻水波纹，边框向内延伸刻云纹、鸟头纹。

中室侧壁，长 2.56、宽 0.97、厚 0.12 米。画面为横构图，分上下两层，上层左右又分四格。主画面刻一对生有羽翼的犀牛头部相向，中间刻一神鼎，鼎左右两边又各刻一玉兔。上层中格上部自左至右分别刻九尾狐、凤凰、九穗禾、麒麟。上层左右格各刻一日月合璧图，中间为圆日，四边为半月，日月合璧上方分别刻一凤鸟。下层刻车马出行，画面中有两辆装饰华丽的辎车和三个骑吏。上下层、左右格之间边框内部刻直条纹，边框画面内部延伸有鸟头纹和云纹（图二六，3）。

后室正中支柱石，长 1.53、宽 0.20、厚 0.38 米。画面为竖构图，主画面刻一青龙，龙面部刻画细致入微。画面上方刻一兽面。四周边框内部刻直条纹，边框向画面延伸刻云纹。

中室横梁，长 2.97、宽 0.47、厚 0.33 米。画面为横构图，主画面刻建筑人物宴饮，建筑为重檐房屋，室内帷幔高悬，分为三室，左右备食区，中间两人跽坐对饮。屋外左侧刻侍者献食，右侧刻三人佩剑长跪。画面上部刻有凤鸟、仙草、异兽、麒麟。四面边框内部刻直条纹。

从墓葬的形制结构看，墓门为两个，东、西并列，一大一小，中、后室也大致与此对应，后室的宽度达 2 米以上，墓葬规模较大。出土随葬器物有玉片、玉璧、玉猪、铜镜、铜刀、铜壶、铁器、锡器、银器、琉璃器、铜钱等，说明墓主人的身份较高。画像石多用于中小型墓葬，诸侯王一般为砖室墓或砖石混合结构墓葬（石多用于承重部分或黄肠石等），因该墓出土大量画像石，故该墓葬墓主身份应不及东汉诸侯王。从画像石内容、雕刻技法、风格及随葬品形制推测，此墓的时代应为东汉末年。

四　窦山墓葬群

（一）墓葬群概况

窦山墓葬群位于睢宁县官山镇张山村窦山西南麓（图二；彩版二二，1）。窦山又名豆家山，是一座低矮山丘，山体呈东北偏西南椭圆形。《光绪睢宁县志稿》载："豆家山在张山西南三里"。因城乡建设复垦项目施工，山体被夷平，现为徐州紫晏新能源基地。墓葬现主要分布在山下坡和窦山村民房下，墓地中间高，四周低，坡度较平缓，部分属基本农田，西部紧挨村庄。墓葬分布较为密集，面积约 30000 平方米。

墓葬群中心坐标为北纬 33° 47′ 18″、东经 117° 51′ 5″，海拔 24 米。

1. 窦山墓葬群现状（南—北）

2. 窦山墓葬群出土玉璧、常青树画像石

彩版二二　窦山墓葬群现状及出土画像石

（二）墓葬群调查与考古发掘

据调查与查阅历史资料，确认 20 世纪 90 年代，曾在窦山北山顶发现 1 座西汉时期石坑竖穴墓，长 5、宽 3.3、深 4.5 米。出土铜戈、陶壶、陶盒、陶罐、陶盆等 10 余件。在竖穴南壁刻有二常青树，两树中间悬一璧形图案，画面通高 0.8、宽 0.71 米（彩版二二，2）。附近村民在山体周围取土时亦有墓葬发现。

2015 年 10 月～2016 年 1 月，对其进行了考古发掘，发掘面积 2500 平方米，共发掘两汉时期墓葬 51 座，出土各类器物 160 余件（组）（彩版二三）。发掘的墓葬包括竖穴土坑墓 10 座、石椁墓 39 座、砖椁墓 1 座、砖室墓 1 座。

竖穴土坑墓均为长方形，长 2.2～3、宽 1.2～2.2、深 1～2.8 米，以南北向为主。大多为单人葬，个别墓葬底部以碎石板铺底，所见葬具均为单棺，且均未髹漆。随葬器物多置于墓主棺外一侧，少部分置于墓主足部一端。置于一侧者，多以石板或石块依墓壁或木棺垒砌成椁箱，内置器物。

石椁墓为本次发掘的主体，多数已被盗掘。墓葬以东西向为主。可分为单石椁、双石椁及三石椁墓，椁内均置木棺，个别残存漆皮痕迹。双石椁及三石椁墓墓圹多为二次扩挖而成，墓圹平面因扩挖错位而呈曲尺状，即原为单石椁墓，后在其一侧扩挖墓圹，依原石椁侧板砌筑椁室，形成夫妻合葬墓，石椁之间均共用一块侧板。墓葬多设有足箱或边箱，内置陶器，铜镜、铜钱等多置于棺内。

彩版二三　窦山墓葬群发掘后墓葬分布平面航拍（2016 年，南—北）

1. 单人石椁墓

以 M10、M12、M40 为例。

（1）M10

M10，南北向。石椁长 2.76、宽 1.04、内深 0.77 米。石椁由三块盖板、两块侧板、两块挡板及四块底板组成。北端挡板内壁阴线刻有图案，图案内容中间为铺首衔环，外围为绶带穿璧，绶带中间及上端两侧间隔内饰有各三组凤鸟衔鱼图案，铺首两侧及下方绶带间隔内饰有六组鱼形图案（彩版二四、二五）。

彩版二四　窦山墓葬群 M10 清理后

彩版二五　窦山墓葬群 M10 北端挡板画像石

（2）M12

M12，南北向。石椁长 2.64、宽 1.06、内深 0.73 米。在其南侧挡板外侧设有足箱放置陪葬品（彩版二六、二七）。

（3）M40

M40，南北向。南北长 2.40、东西宽 0.5 米。墓葬两侧由石块垒砌而成（彩版二八）。

彩版二六　窦山墓葬群 M12 清理后

彩版二七　窦山墓葬群 M12 出土器物

彩版二八　窦山墓葬群 M40 清理后

2. 夫妻合葬石椁墓

以 M15、M22、M31 为例。

（1）M15

M15，东西向。长 2.58、宽 1.88、内深 0.68 米。北石椁先下葬，南石椁后下葬，南石椁盖板叠压在北石椁的盖板上，两墓葬共用一个侧板。足箱在石椁外侧，内摆放随葬品均为陶器（彩版二九～三二）。

彩版二九　窦山墓葬群 M15 清理后

彩版三〇　窦山墓葬群 M15 出土器物

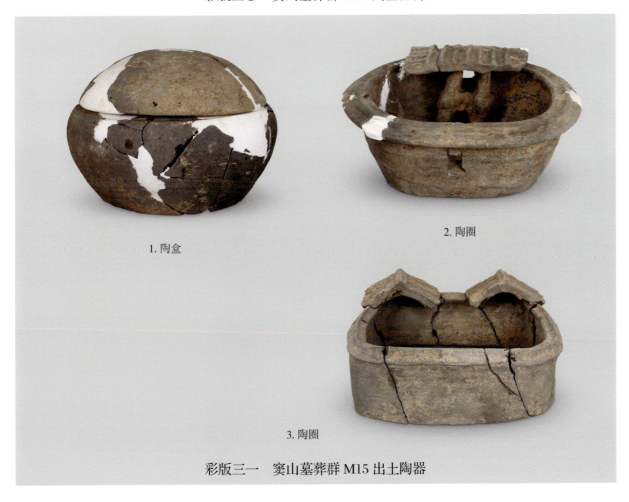

1. 陶盒

2. 陶圈

3. 陶圈

彩版三一　窦山墓葬群 M15 出土陶器

1. 陶鼎

2. 陶仓

3. 陶钵

4. 陶壶

5. 陶磨

6. 陶壶

彩版三二　窦山墓葬群 M15 出土陶器

（2）M22

M22，东西向。长 2.9、宽 2.40、北石椁内深 0.88、南石椁内深 0.66 米。北石椁后下葬，南石椁先下葬，北石椁盖板叠压在南石椁边箱的北侧板。从墓葬形制上看，边箱和石椁是同时修筑（彩版三三）。

（3）M31

M31，南北向。东石椁南北长 2.4、东西宽 0.95、内深 0.68 米，西石椁长 2.28、宽 0.87、内深 0.64 米。边箱在两石椁之间（彩版三四）。

3. 三人合葬墓

以 M39 为例。

M39，南北向。墓葬并排 3 座石椁墓。石椁南北长 2.80、宽 2.85 米（彩版三五，1）。西侧石椁和中间石椁为同时下葬。中间石椁西侧的侧板刻有三个字（彩版三五，2），字迹不清楚，在字的上方刻有心形图案。

这批墓葬共出土陶、铜、铁、釉陶、滑石等不同质地器物 160 余件（组），其中以陶器为大宗，有鼎、盒、壶、仓、灶、井、磨、圈等；铜器有卮、印、镜、眉刷、铜钱等（彩版三六）；滑石

彩版三三　窦山墓葬群 M22 清理后

1.M31 清理后

2.M31 出土器物

彩版三四　窦山墓葬群 M31 清理后及出土遗物

1.M39 清理后

2.M39 侧板石刻

彩版三五 窦山墓葬群 M39 清理后及侧板石刻

彩版三六　窦山墓葬群出土铜器

器多为玲、塞之属。

由陶器组合规律及铜镜特点、钱文特征等分析，墓葬的时代为西汉早期至东汉早期，以西汉中晚期墓葬为主。这批墓葬排列规律、分布密集，部分墓葬存在叠压打破关系，是一个沿用时间较长的家族墓地。

五　张山墓葬群

（一）墓葬群概况

张山墓葬群位于睢宁县官山镇张山村（图二；彩版三七）。张山为一座低矮山丘，张山周边地形地貌单一，大部分属基本农田。地表植有槐树、泡桐、白杨等树木。张山墓葬群位于张山山体周围，以山体为中心环绕连续分布，北坡未发现，未见东汉砖室墓。

墓葬群中心坐标为北纬 33°47′37″、东经 117°51′43″，海拔 20～39 米。

（二）墓葬群调查与考古发掘

1995 年出土 1 块较大画像石，长 2、宽 0.67 米，为浅浮雕，画面刻健鼓舞、跳丸等。

2019 年 3 月～8 月，徐州博物馆（徐州市文物考古研究所）、睢宁县博物馆联合对其进行

彩版三七　张山墓葬群现状（西—东）

了考古发掘。发掘面积约 2 万平方米，共发掘汉代墓葬 148 座（组），清代墓葬 2 座，汉代窑址 1 个（Y1），房址 1 个（F1）（彩版三八、三九）。

　　墓葬主要集中在以张山山体为中心的山体南麓及东麓区域，墓葬形制包括土坑墓、土坑木椁墓、土坑石椁墓、土坑洞室墓、土坑斜坡墓道石室墓等多种形式，以土坑木椁墓和土坑石椁墓为主。石椁为传统的井椁形制，多用三块盖板封盖，四块石板构筑成"井"椁，底板则多为 2 块石板平铺；石椁一般内长 2.6、内宽 0.8、深 0.7 米，部分石椁墓的头挡和足挡阴线刻划穿璧绶带纹、常青树等简单的图案画像，石室墓则刻画十字穿环、菱形纹、持戟门吏等辅助装饰图案。葬具多为木棺，多未髹漆，髹漆者多为褐色漆，部分木棺内髹红漆。部分木棺内发现补缝的石灰，具有防腐隔潮的功能。在发掘的 148 座汉代墓葬中，少见叠压打破关系，多集中分布于一个较为紧密的范围之内，且以同穴合葬墓为主，部分为并穴合葬墓及少量的单人葬。

　　该墓葬群出土随葬品较为丰富，出土的随葬品主要为陶瓷器、铜铁器、玉石器、漆木器等，共计 830 余件，其中陶瓷器多放置于石椁的边箱或者足箱内（彩版四〇、四一），木椁墓则放置于木椁内。墓葬随葬的陶器主要有日用陶器、陶礼器和模型明器（彩版四二～四五），其中日用陶器主要为釜，陶礼器组合为汉墓中常见的鼎、盒、壶、钫、罐、瓶，大部分为一套，青瓷器和釉陶器的组合与陶器组合基本一致；模型明器则为仓灶井磨猪圈，大部分为灰陶。铜器主要为铜镜、带钩、铜釜、洗、印章、盖弓帽；铁器主要有环首刀、削刀、矛、镞等；漆器主要为镜奁、盆等。

　　墓葬排列集中有序，墓葬之间少有打破的现象，说明该墓葬群经过一定的规划设计。根据

彩版三八　张山墓葬群南区发掘后墓葬分布平面航拍（2019年，西—东）

彩版三九　张山墓葬群北区发掘后墓葬分布平面航拍（2019年，南—北）

彩版四〇　张山墓葬群 M1 清理后　　　　　　彩版四一　张山墓葬群 M1 边箱内出土器物

墓葬形制和随葬器物组合判断，张山墓葬群的墓葬时代为西汉早期至东汉时期，墓主身份多为一般平民，应为汉代公共墓地。据墓葬排列分布，墓葬群可初步划分为多个埋葬区，当为多个家族墓地。

张山墓葬群的发掘对研究徐州东部地区汉代中小型墓葬的发展演变规律和丧葬习俗具有重要价值，尤其是曲尺形仓、连体磨、釉陶瓿等具有浓厚的地域特点。

按照汉代居址与墓葬的分布位置关系，如此众多的墓葬分布在张山山体的周围，在墓葬群附近必然有聚落居址存在，惜未能发现。

1. 陶壶 2019SZM1：1

2. 陶俑头 2019SZM1：2

彩版四二　张山墓葬群 M1 出土遗物

1. 陶俑头 2019SZM1：3

2. 陶俑头 2019SZM1：4

3. 陶杯 2019SZM1：5

4. 陶杯 2019SZM1：6

彩版四三　张山墓葬群 M1 出土遗物

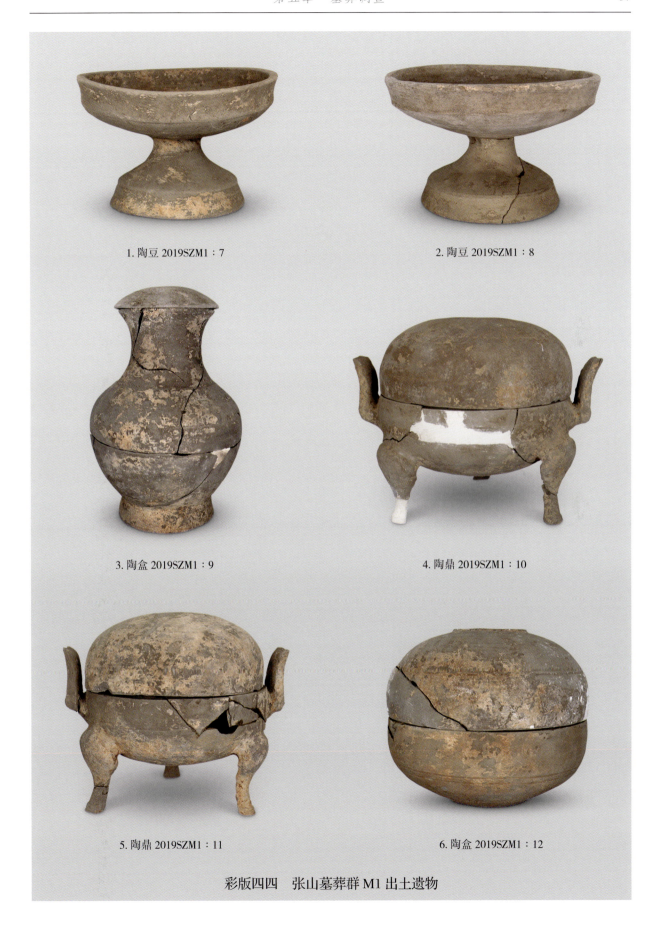

1. 陶豆 2019SZM1：7

2. 陶豆 2019SZM1：8

3. 陶盒 2019SZM1：9

4. 陶鼎 2019SZM1：10

5. 陶鼎 2019SZM1：11

6. 陶盒 2019SZM1：12

彩版四四　张山墓葬群 M1 出土遗物

1. 陶盒 2019SZM1：13

2. 陶盘 2019SZM1：14

3. 陶罐 2019SZM1：15

4. 陶罐 2019SZM1：16

5. 陶俑头 2019SZM1：17

彩版四五　张山墓葬群 M1 出土遗物

六　小山墓葬群

（一）墓葬群概况

小山墓葬群位于睢宁县姚集镇房湾村（图二；彩版四六）。小山墓葬群区域原为一座低矮土丘，呈慢坡状台地，南侧中心隆起，略高出周围农田，分布面积约 2500 平方米。东侧紧挨房湾小区，北侧为黄河故道。

2021 年，徐州博物馆对其进行了考古发掘，现为基本农田，种植有小麦、大蒜等。

墓葬群中心坐标为北纬 34°4′9″、东经 117°49′4″，海拔约 26 米。

（二）墓葬群考古发掘

2021 年，由于房湾小区排水工程施工，徐州博物馆对施工区域进行了抢救性考古发掘。发掘面积约 400 平方米，清理墓葬 17 座，其中砖椁墓 12 座，土坑竖穴墓 5 座（彩版四七）。出土器物有鼎、盒、壶、铁刀、铜镜、口琀、铜钱等。随葬陶器具有重要的时代和地域特征。

彩版四六　小山墓葬群现状（东—西）

彩版四七　小山墓葬群发掘后墓葬分布航拍（2021年，南—北）

墓葬群的时代为汉代，以东汉墓葬为主。墓葬群中墓葬分布密集、排列规律，部分墓葬存在叠压打破关系，是一处沿用时间较长的家族墓地。

七　墓山墓葬群

（一）墓葬群概况

墓山墓葬群位于睢宁县姚集镇良山村墓山上（图二；彩版四八，1、2）。因山上墓葬密集，故名墓山，是一独立的石灰岩山丘。山体东西走向，山南有梁山，东部紧挨梁山水库，北距西山约400米。确认墓葬主要分布在墓山北侧坡，多为石坑竖穴洞室墓，墓葬分布密集、排列规律，

1. 墓山墓葬群现状（西南—东北）

2. 墓山墓葬群暴露墓坑（现状）

彩版四八　墓山墓葬群现状及暴露墓坑

部分墓葬存在叠压打破关系，面积约 20000 平方米。1991 年 3 月 29 日被公布为睢宁县县级文物保护单位。

墓葬群中心坐标为北纬 33° 7′ 4″、东经 117° 4′ 19″，海拔 80 米。

（二）墓葬群调查与考古发掘

本次调查，发现墓葬均已被盗掘破坏，墓坑内有大量泥土淤积，并长有杂草、小树。地表可采集到少量汉代陶片。

1978 年，墓葬群发现汉画像石墓 1 座，已盗掘破坏，出土画像石三块。画像内容有庖厨图、宴宾图、珍禽瑞兽等。

1992 年，徐州博物馆发掘了两座汉画像石墓（编号为 M1、M2），均位于山顶偏东部，东西相距 5.5 米，共出土画像石 12 方。

1.M1

M1 为前后室画像石墓，方向 90°。墓顶坍塌，墓坑填满泥土。前室呈正方形，内边长 1.9 米。后室呈长方形，内长 3.6、宽 1.6、残深 1.2 米。墓葬中出土画像石 6 块，其中前室 3 块，第一石平卧于两室之间，南北壁各 1 块为第二、三石。后室 3 块，北壁 2 块相接，为第四、五石，南壁 1 块为第六石。汉画像石皆为壁石，壁石下有厚 0.19 米的长条石作脚石。墓底横铺石板 6 块，前室 2 块，后室 4 块。墓室内未见棺痕、人骨，仅有几枚锈蚀严重的五铢钱。

第一石　上、左、右三面边框饰卷云纹，下边框饰纵横间隔平行线纹。长 2.10、宽 1.16、厚 0.23 米（彩版四九）。主体画面为一组楼阁建筑。前面有一正厅，正厅歇山顶，下有两根一斗二升檐柱支撑。厅内一人坐姿，双手捧竽在吹奏。厅的右侧又接一厅，此厅较矮，四阿顶，下有 4 根檐柱上托栌斗支撑，墙上饰连续菱形图案。厅的右山墙开门。两扇刻铺首衔环的大门半开。一门吏正开门而出。此厅之上有一四阿顶阁楼。后面是一座三层楼房。楼房的下层被前厅遮挡。中层为四阿顶建筑，屋顶右侧由一根一斗二升檐柱支撑，左侧檐柱只托栌斗。楼中站立四人，均着宽袖褒衣。上层也为四阿顶，下有两根檐柱上托栌斗支撑。屋中两人对坐，左侧者躬身施礼，右侧者作答礼状。楼外一人跪侍。楼房四周分栏刻划各种人物、车马、鸟、兽。最上一栏刻独角兽 10 只，分布在第三层屋宇两侧，左、右各 5 只，皆头下足上，兽身弓曲。独角兽间点缀禽鸟。其中一只

彩版四九　墓山墓葬群 M1 第一石舞乐车马图画像石

大鸟站在屋右房坡之上。第二栏左边刻 8 人，均着宽袖襃衣，拱手席地而坐。第二层楼房左边房坡立一鸟，作展翅欲飞之姿，右边房坡上立一兽，扭颈回首，右前足搭在房脊鸱吻之上。第二栏右侧刻两只大鸟相向而立，大鸟间又点缀几只小鸟，有的回首，有的半身，还有的只露出鸟头。第三栏左侧较宽，中部刻一高大的建鼓，鼓架顶部擎华盖，两侧羽葆飘摆。建鼓两侧有二人双手各持一鼓槌，边舞蹈边击鼓。上部左右两角各有一人，相对坐姿，吹排箫伴奏。右侧有两名身穿紧身衣之人，其中一人双手按楼房的垂脊，作倒立之状。一人左脚踩一鞠，两手作表演状。第三栏右部分为两小格。上格刻二人。身着宽袖长袍，躬身左向而立。他们的前面刻飞鸟走兽。下格刻一乘轺车，驾一马。车上一驭者双手执辔。车下一人着宽袖长袍，双手持笏，躬身趋步，作施礼状，与前厅开门之人有机地组成了一个和谐的画面。第四栏连通整块画像石的下部，刻一列向左行进的车马。前后二车为导车和从车，均轺车，各驾一马，车上乘一驭手一官吏。中间是一乘轓车，由一马驾挽。车盖垂四维。车盖下坐一驭手一官吏。车前有二导骑，车后二骑吏。根据车的形制和规模，此车当为这列车马队伍的主车。

第二石　边框饰卷云纹、垂菱纹、锯齿纹和垂幛纹。长 1.94、宽 1.01、厚 0.23 米（彩版五〇）。画像的主体是一座四阿顶房屋。屋顶由两根檐柱支撑，屋顶有垂幛。屋内设一床，床上二人穿宽袖长袍，相向而坐。房顶之上立二鸟，垂脊上各攀一兽。房屋的左侧有一棵枝叶繁茂的大树，树上群鸟翔集。树下左侧一人在仰身弯弓射鸟。一人持鸟而立。树下右侧立一马，马后一人坐于树下岩石之上。房屋右侧分为上下两栏。上栏刻捕鱼图像，渔夫三人，用罾罩鱼。其中一人已捕到一条大鱼，他坐在罾上，双脚翘起，左手高举大鱼，引得大鸟前来争食，充满了生活情趣。捕鱼人的周围，鱼游鸟翔。下栏为送礼场面，前面一人躬身拜见主人，后面二人抬一猪腿、一尾大鱼和一坛酒。后面三人随行，三人均穿宽袖长袍，前面一人拄杖，后面二人持便面。

第三石　边框自内向外饰水波纹、连续菱形纹、锯齿纹和垂幛纹。长 1.91、宽 1.0、厚 0.34 米（彩版五一）。主体画面为车马行进场面，车马队伍自右向左行驶。三骑吏与两乘车相间列队而行。骑吏的手中似持弓。两乘车均由一马驾挽，一为轺车，一为轩车。车上均乘二人。车马出行行列的上方刻夔龙数条，或曲身，或交颈，形态各异。

第四～六石　第四、五两石有槽相接构成北壁，长 1.65、宽 1.0、厚 0.24 米。第六石为后室南壁石，长 3.3、宽 1.0、厚 0.34 米。三石均只刻出三层边框，上、左、右纹饰相同，内框卷云纹，中框锯齿纹，外框垂幛纹。下内框刻垂菱纹，中框刻锯齿纹，下框刻垂幛纹。边框内空白，应是还未刻制完毕的半成品。

2.M2

M2 墓葬形制与 1 号墓基本相同。M2 前后室之间有 0.20 米高的长条石相隔，长条石上无图案。出土一串锈蚀严重的五铢钱和几片红胎绿釉陶片。M2 出土画像石 6 块，分别为前室 3 块、后室 3 块。

第一石　为前室墓门南端壁石，长 1.02、宽 0.95、厚 0.17 米（彩版五二）。画面分上下两栏。主画面刻一房屋，屋顶瓦脊清晰，屋顶左右垂脊各攀援一人首兽身动物，屋左还刻二鸟。屋下有两根檐柱支撑，柱头有一斗二升斗拱。内垂帷纹。屋内端坐二人，左一人戴进贤冠，着宽袖长袍，左手持便面。右一人戴胜，也着宽袖长袍，右手持一耳杯。二人中间刻一食和几个盘，屋左一人

彩版五〇　墓山墓葬群 M1 第二石弋鸟捕鱼图画像石

彩版五一　墓山墓葬群 M1 第三石车马出行图画像石

彩版五二　墓山墓葬群 M2 第一石宴客图画像石

侍立，屋右一人挑酒壶而来。上栏 0.4 米 ×0.59 米，主画面刻二鸟交喙，左一鸟头上有扇形小冠，右一鸟头上有长羽冠，应是雌雄一对，二鸟足下有 3 只小鸟。

　　第二～六石　第二、三石为前室南北两壁石，长 2.5、宽 1.0、厚 0.24 米。第四、五石为后室南北两壁石，长 3.5、宽 1.0、厚 0.34 米。第六石为后室西壁石，长 2.1、宽 1.0、厚 0.23 米。五块画像石主画面均刻十字穿璧，饰以三层边框，边框图案和 1 号墓第二、三石相同。

　　墓山的两座汉画像石墓虽未出土明确的纪年资料，但依据画像石的雕刻技法、内容，墓葬形制和少数出土遗物推断，其时代为东汉，墓主身份为一般平民。

　　根据墓葬形制、分布、排列情况及出土随葬品分析，墓山墓葬群应是一处东汉时期平民公共墓地。

八　岠山墓葬群

（一）墓葬群概况

　　岠山墓葬群位于睢宁县古邳镇北巨山村，与邳州相邻（图二；彩版五三、五四）。岠山又名葛峄山，《钦定四库全书·明一统志》卷十三载：葛峄山在邳州城西 3 千米，古文以为峄山，禹贡峄阳孤桐谓出此山之南者。俗名岠山，以其与沂水相距也。岠山山势峥嵘，松柏郁葱，东西纵

彩版五三　岠山墓葬群保护碑

彩版五四　岠山墓葬群现状（西—东）

3、南北横 1.3 千米，平列四座山峰，西峰最高。因常有云蒸霞蔚，故曰"白云峰"。山顶有康熙行宫，行宫外的葛仙洞、葛仙井相传是东晋道教理论家、医学家、炼丹大师葛洪修道炼丹的遗迹。岠山以山顶坐标点为界，北属邳州，南属睢宁，山体主要由震旦系石英砂岩和黄土性母质交错组成，山顶和山上坡为石英砂岩，中下坡为残积和坡积黄土或洪积山淤土，土色黄褐，黏性较强。植有松柏、女贞、白杨、杏树、槐树等，地表植被覆盖率较好。墓葬主要分布在山顶、山中下坡，面积约 60 万平方米。1991 年 3 月 29 日被公布为睢宁县县级文物保护单位。

墓葬群中心坐标为北纬 34°10′02″、东经 117°52′18″，海拔约 213 米。

（二）墓葬群调查

本次调查共发现墓葬数十座，多为中小型砖室墓和石坑竖穴墓。局部墓葬分布较密集，有叠压打破现象。墓葬多已被盗扰破坏，墓坑内淤积了大量泥土，并长有杂草、小树（彩版五五），周围多处散落有不同规格的青砖和陶片。

该墓葬群曾出土陶俑、陶壶、陶罐、釉陶瓿、陶盒、陶盘、陶鼎、陶碗、陶盂、铜镜、铜雁形熏炉、铜勺、铜钫、铜壶、铜羊形油灯、铜弩机、铜耳杯、铜矛、铜戈、铜剑、铜带钩、玉衣片、玉口琀、玉璧、铜钱等随葬器物（彩版五六、五七）。

彩版五五　岠山墓葬群暴露墓坑（现状）

1. 陶鼎足 2023SJSC：1　　　　　　　　　2. 陶鼎盖 2023SJSC：2

3. 陶罐 2023SJSC：3　　　　4. 折腹灰陶罐　　　　5. 仙人骑羊陶俑

6. 陶鸡　　　　　　　7. 陶舞俑　　　　　　8. 陶舞俑

彩版五六　岠山墓葬群出土遗物

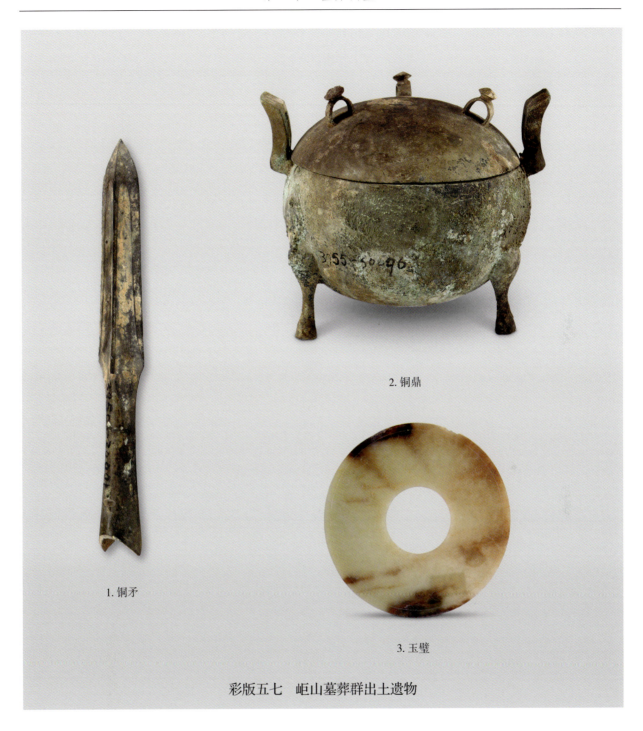

1. 铜矛　　　2. 铜鼎　　　3. 玉璧

彩版五七　岠山墓葬群出土遗物

（三）采集遗物

采集陶片以泥质陶为主，纹饰有绳纹、弦纹等。可辨器形有陶鼎足、陶鼎盖、陶罐腹片等（SJSC代表睢宁岠山墓葬群采集点；表五七）。

陶鼎足　2件。泥质红陶。形制、纹饰相同，仅高度有别，两件鼎足应分属两鼎。

标本2023SJSC：1，兽蹄形矮足，足面饰兽面纹。残高5.8厘米（图二七，1、2；彩版五六，1）。

表五七　岠山墓葬群采集遗物登记表

编号	名称	数量	质地	现状	年代
2023SJSC：1	陶鼎足	2	泥质红陶	残	汉代
2023SJSC：2	陶鼎盖	1	泥质灰陶	残	汉代
2023SJSC：3	陶罐	1	泥质灰陶	残	汉代

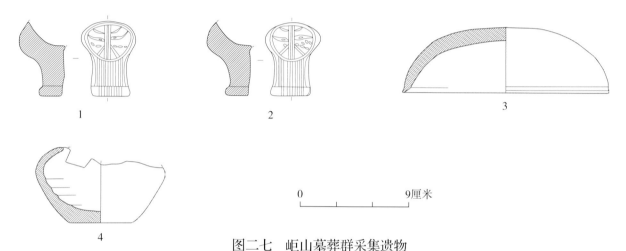

0　　　　　　　　9厘米

图二七　岠山墓葬群采集遗物

1、2.陶鼎足2023SJSC：1-1、-2　3.陶鼎盖2023SJSC：2　4.陶罐2023SJSC：3

陶鼎盖　1件。

标本2023SJSC：2，残，已修复。泥质灰陶。穹隆形盖，敞口，尖唇，弧壁。外沿部饰一道凹弦纹。直径17、高5.2厘米（图二七，3；彩版五六，2）。

陶罐　1件。

标本2023SJSC：3，口残。泥质灰陶。溜肩，鼓腹，内腹有数道凹弦纹，平底。腹径10.2、底径5、残高6厘米（图二七，4；彩版五六，3）。

根据墓葬形制、排列、分布及出土随葬品分析，岠山墓葬群应是一处沿用时间较长包含多个家族墓地的汉代公共墓地。

九　半戈山墓葬群

（一）墓葬群概况

半戈山墓葬群位于睢宁县古邳镇北1000米处（图二；彩版五八，1、2）。半戈山，因山

1. 半戈山墓葬群保护碑（北—南）

2. 半戈山墓葬群现状（北—南）

彩版五八 半戈山墓葬群现状及保护碑

回绕下邳故城形如半戈而得名。又因在 1722 年（康熙六十一年）前，废黄河从这里经过，黄河水流被阻分为南北两支流，也称"绊河山"。半戈山南北长约 300 米，山上树林密布，植有松柏、槐树等，山体以石英岩为主。墓葬主要分布在山顶、山坡及周围山地，分布较密集，面积约45580 平方米。1991 年 3 月 29 日被公布为睢宁县县级文物保护单位。

墓葬群中心坐标为北纬 34°7′48″、东经 117°52′13″，海拔 65.5 米。

（二）墓葬群调查

此次调查在山坡及周围山地发现墓葬数十座，多为中小型砖室墓，少数为石室墓或土坑竖穴

彩版五九　半戈山墓葬群暴露墓坑（现状）

墓。局部墓葬分布较密集，有叠压打破现象。墓葬多已被盗扰破坏，墓坑内有大量泥土淤积，有的长有杂草、小树（彩版五九）。地表多处散落有不同规格的青砖和陶片。

曾出土随葬器物有印纹陶缸、陶壶、陶仓、陶盒、陶罐、滑石象、铜镜、铜剑、铜戈、玉璧、瑗、簪、金币等（彩版六〇、六一）。

（三）采集遗物

采集的陶片以泥质陶为主。纹饰有绳纹、弦纹等。可辨器形有陶鼎足、陶壶盖等（SBGSC代表睢宁半戈山墓葬群采集点；表五八）。

陶鼎足　1件。

标本 2023SBGSC：1，泥质灰陶。蹄形足。残高6.2、残宽3.8厘米（图二八，1；彩版六〇，1）。

陶壶盖　1件。

标本 2023SBGSC：2，残，已修复。夹粗砂红陶。穹隆形盖，敞口，方唇，弧腹，内腹有数道凹弦纹。器表施青黄釉，大部分已脱落。直径15.2、高4.6厘米（图二八，2；彩版六〇，2）。

根据墓葬形制、排列、分布及出土随葬品分析，半戈山墓葬群应是一处沿用时间较长的汉代公共墓地。

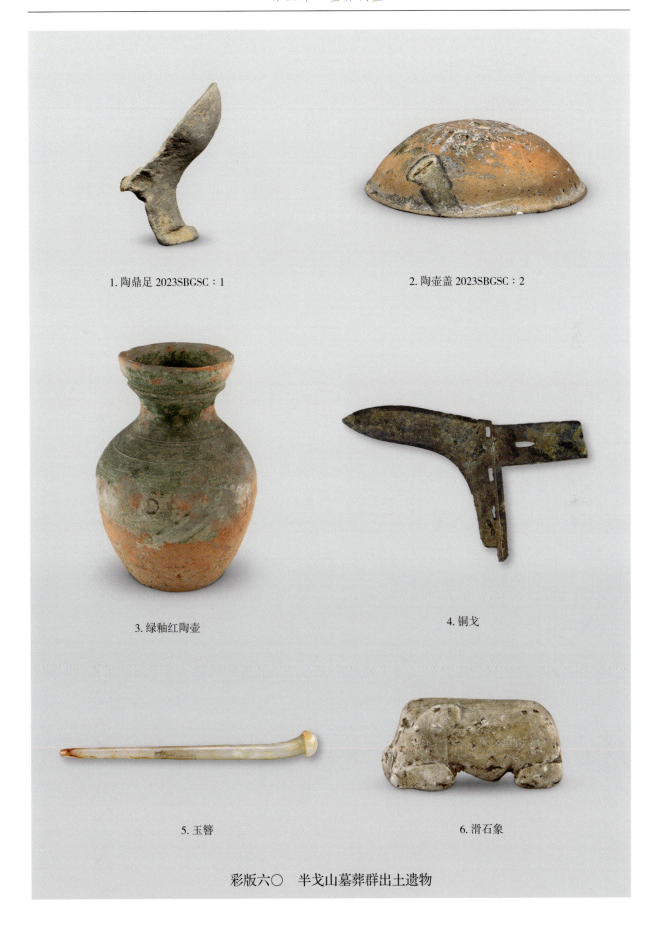

1. 陶鼎足 2023SBGSC：1

2. 陶壶盖 2023SBGSC：2

3. 绿釉红陶壶

4. 铜戈

5. 玉簪

6. 滑石象

彩版六〇　半戈山墓葬群出土遗物

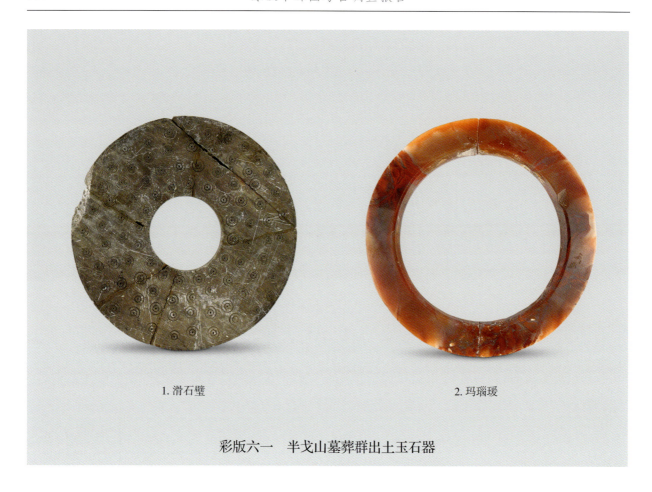

1. 滑石璧　　　　　　　　　　　　　　2. 玛瑙瑗

彩版六一　半戈山墓葬群出土玉石器

表五八　半戈山墓葬群采集遗物登记表

编号	名称	数量	质地	现状	年代
2023SBGSC：1	陶鼎足	1	泥质灰陶	残	汉代
2023SBGSC：2	陶壶盖	1	夹粗砂红陶	残	汉代

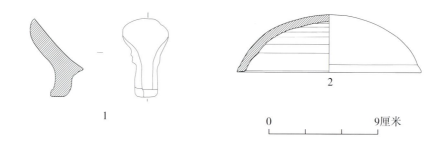

1　　　　　　　　　　　0　　　　　　　9厘米

图二八　半戈山墓葬群采集遗物

1.陶鼎足2023SBGSC：1　2.陶壶盖2023SBGSC：2

一〇　二龙山墓葬群

（一）墓葬群概况

二龙山墓葬群位于古邳镇新龙村（图二；彩版六二，1），岠山东约 500 米。其山南北较长，东西狭窄，前仰后合，自南望之若二龙昂首，自北望之似二龙垂尾，故名"二龙山"。山分东西，西山高而长，东山低而促，山首尾各有一余脉，高若巨台。山体以石英岩为主，表土土色黄褐，主要植有松柏、白杨、合欢、槐树等树木，局部种植农作物。墓葬主要分布在山顶及周围山地，

1. 二龙山墓葬群现状（北—南）

2. 二龙山墓葬群暴露墓坑（现状）

彩版六二　二龙山墓葬群现状及暴露墓坑

分布较密集，墓葬群面积约 2000 平方米。1991 年 3 月 29 日被公布为睢宁县县级文物保护单位。墓葬群中心坐标为北纬 34°15′08″、东经 117°90′91″，海拔约 53.4 米。

（二）墓葬群调查

本次调查，共发现墓葬数座，多是中小型砖室墓和土坑竖穴墓。墓葬均已被盗掘破坏，墓坑内因长时间淤积大量泥土基本上已填平，周边长满杂草、小树（彩版六二，2）。地表散见大量不同规格的青砖。

曾出土战国铜剑、戈、漆盘等，汉代的陶罐、陶盒、陶豆、陶盘、陶仓、陶壶、釉陶瓿、陶鼎、铜镜、带钩、铁锸、滑石琀以及半两、五铢铜钱等（彩版六三）。

根据墓葬形制、排列、分布及出土随葬品分析，二龙山墓葬群应是一处沿用时间较长的战国至汉代平民公共墓地。

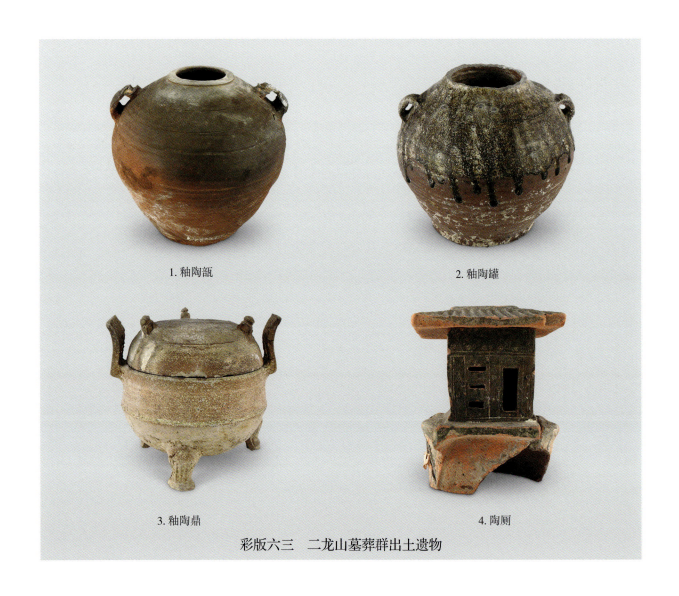

1. 釉陶瓿　　　　　　　　　　　　2. 釉陶罐

3. 釉陶鼎　　　　　　　　　　　　4. 陶厕

彩版六三　二龙山墓葬群出土遗物

一一　新龙河墓葬群

（一）墓葬群概况

新龙河墓葬群位于邱集镇香店村大孙庄南端新龙河河道中心，西侧紧挨大孙桥，面积约 2500 平方米（图二；彩版六四）。墓葬群区域地势整体较低，中心低洼两侧略高，南侧是农田，北侧靠近村庄，西紧挨大孙桥。表土为灰褐色黏土，质地松软，无包含物。

墓葬群中心位置为北纬 33°48′41″、东经 117°57′42″，海拔约 25 米。

（二）墓葬群调查

在 2004 年 3 月，因河道干枯发现墓葬数座，有土坑竖穴墓和石椁墓，现场抢救性发掘墓葬两座，编号 M1、M2，墓葬呈东西排列，为小型土坑竖穴墓。出土陶俑、铜镜等文物数件（彩版六五）。

根据墓葬形制、分布及出土随葬品分析，新龙河墓葬群应是一处汉代平民公共墓地。

彩版六四　新龙河墓葬群现状（北—南）

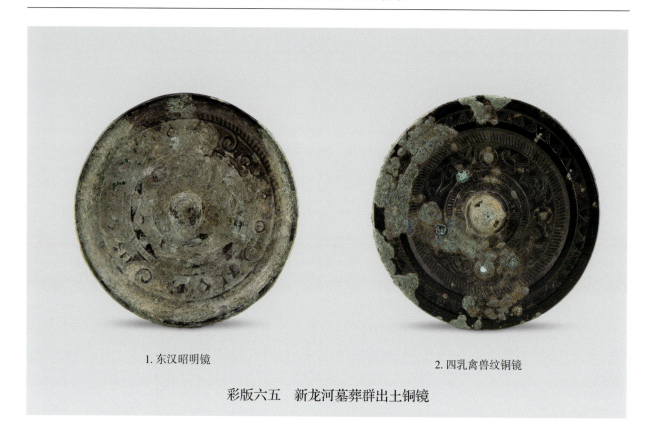

1. 东汉昭明镜　　　　　　　　2. 四乳禽兽纹铜镜

彩版六五　新龙河墓葬群出土铜镜

一二　官山墓葬群

（一）墓葬群概况

官山墓葬群位于睢宁县官山镇官山村（图二；彩版六六，1）。官山属于低山丘陵，山体大部分因采石形成低洼山塘，周围被村庄包围，地理环境较差。山周边植有槐树、泡桐、白杨等树木。墓葬主要分布在山西坡和北坡，分布较为散乱，墓葬群分布面积约 500 平方米。

墓葬群中心坐标为北纬 33°48′24″、东经 117°52′15″，海拔约 30 米。

（二）墓葬群调查

2000 年，该区域发现小型石椁墓 5 座，分为单石椁墓与双石椁墓，均已盗掘破坏。

山体因开山采石，已形成低洼山塘。本次调查，在塘西部发现土坑竖穴石椁墓 1 座。因早年被盗掘，墓坑内淤积了大量泥土。未见盖板，裸露石椁呈"井"字形，长约 2.2、宽约 0.8 米。侧板与挡板均厚约 0.1 米，未发现随葬品（彩版六六，2）。

墓葬群曾出土陶仓、陶壶、陶碗、陶灶、釉陶瓿、陶罐、陶盒、铜镜、画像石等随葬品（彩版六七）。

根据墓葬形制、分布及出土随葬品分析，官山墓葬群应是一处汉代平民公共墓地。

1. 官山墓葬群现状（东北—西南）

2. 官山墓葬群暴露墓坑（现状）

彩版六六　官山墓葬群现状及暴露墓坑

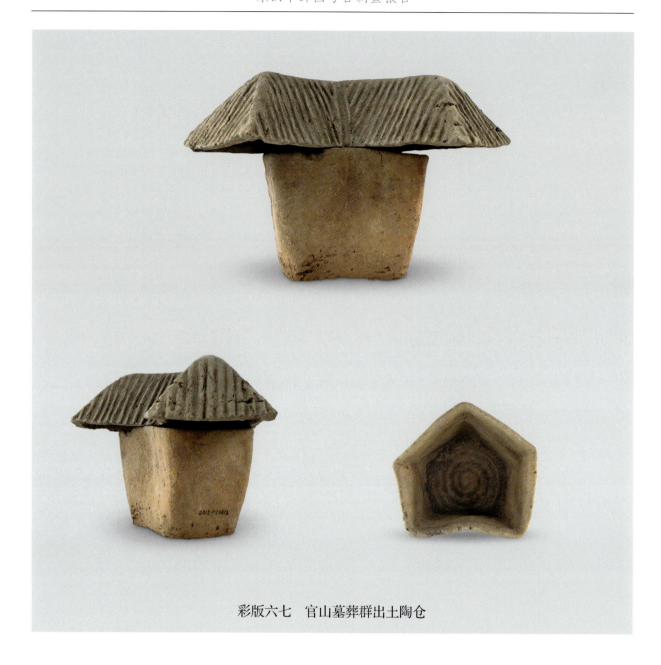

彩版六七　官山墓葬群出土陶仓

一三　锅山墓葬群

（一）墓葬群概况

锅山墓葬群位于姚集镇锅山村（图二；彩版六八，1、2）。西距神路山约 1000 米，山东部紧挨锅山水库，是一独立的石灰岩山丘，呈西南东北向的椭圆形。锅山山体部分现为废弃采石宕口，区域地势整体西高东低，坡度较缓，土壤为坡积红土，黏度较高，含沙粒，植有槐树、松柏、女贞、白杨等树木。墓葬主要分布在锅山东坡，分布较为密集，墓葬群面积约 20000 平方米。

墓葬群中心坐标为北纬 33°48′24″、东经 117°52′15″，海拔约 121 米。

1.锅山墓葬群现状（东—西）

2.锅山墓葬群暴露墓坑（现状）

彩版六八　锅山墓葬群现状及暴露墓坑

（二）墓葬群调查与考古发掘

此次调查现场发现有墓葬多座，多为石坑竖穴洞室墓，均已被盗掘破坏，墓坑内淤积了大量泥土并长有杂草、小树。

1992年，因开山采石发现墓葬2座，对其进行了抢救性考古发掘，编号为M1、M2。

1.M1

M1 位于锅山东坡，墓顶及部分墓壁已不存，墓向东，长 6.8、宽 4.45 米。由墓道、甬道、前、后室及一耳室组成，前室长 2.79、宽 2.26 米，耳室位于北部，长 1.38、宽 0.9 米。前、后室之间有通道，中间立一石柱，形成双门道，后室长 3.12、宽 2.49 米，叠涩顶结构。墓内有石板铺地。出土画像石 7 块，内容有珍禽瑞兽、门吏、宴饮等，雕刻技法为浅浮雕。出土遗物仅见半两、五铢铜钱。

墓门南侧壁石　长 1.21、宽 1.05 米（彩版六九）。该石系弧面浅浮雕，左侧上角稍残，边框饰幔纹。画面分三格：上格二虬龙奔腾追逐，中格刻一应龙，张口吐舌，须发飘拂，肩生双翼，细纹鳞身，长尾下垂，向上卷曲，四肢作奔走状；下格刻双阙，阙旁刻二门吏，一执盾，一拥篲作迎接状。

前后室间立石　长 1.21、宽 0.68 米（彩版七〇）。该石系弧面浅浮雕，边框饰幔纹。画面分三格：上格刻三虬龙奔腾嬉戏；中格刻二凤鸟交颈嬉戏，两侧上方各有一只维鸟；下格刻一凤鸟昂首展翅欲飞。

前后室间隔石　长 1.21、宽 0.68 米（彩版七一）。该石系平面浅浮雕，边饰幔纹。画面分三格：上格刻四凤鸟，中格刻四阿式顶房屋，檐下垂幔，二斗拱支撑两侧，室内二人拱手对坐，皆戴冠着长衣，身后各一侍者站立；下格刻二人，双手持节，躬身向前。

彩版六九　锅山墓葬群出土 M1 墓门南侧壁石青龙双阙图画像石

　　前室北壁石　长1.21、宽0.86米（彩版七二）。该石系弧面浅浮雕，边框饰幔纹。画面分三格：上格刻大小六只凤鸟；中格刻对称子母双阙，阙中为双层楼阁，底层三人长衣着冠，凭栏而立，上层三人踞坐交谈，屋顶刻有鸟兽；下格刻仪仗队列，后四人持幢节而立，前一人节未刻出，意为队列不止五人。

　　前室北壁石　长1.21、宽0.76米（彩版七三）。该石系弧面浅浮雕，边框饰幔纹。画面分四格：第一格刻一对凤鸟和一雏鸟；第二格二虬龙同向蜷曲作嬉戏状；第三格刻一四阿式顶房屋，二凤鸟立于垂脊，屋内二人拱手踞坐，中置一樽，樽内有勺，房屋墙壁菱纹装饰；第四格刻一马，马背驮有鞍具障泥，马后立一骑吏，怀抱兵器，身后一盾，示为武官。

彩版七〇　锅山墓葬群出土M1前后室间立石龙凤嬉戏图画像石　　　彩版七一　锅山墓葬群出土M1前后室间隔石建筑人物图画像石

彩版七二　锅山墓葬群出土 M1 前室北壁石双阙迎宾图画像石

2.M2

　　M2 位于锅山顶部，墓向东，墓上有封土，高约 1、底径约 8 米。

　　墓为双室，合用一墓道，墓道宽 2.3 米，两侧用石块垒砌。墓门偏于西侧，有双扇石门。东西两室大小相同，长 3、宽 0.82、高 0.84 米，两墓室间以石梁相隔，下承三个石柱，墓顶盖石板，墓底铺石板。墓内有画像石 4 块，均为阴线刻，内容较简单，有铺首衔环、常青树、十字连环、双璧等。该墓被盗严重，未见随葬品。

　　根据墓葬形制、分布及出土随葬品分析，锅山墓葬群应是一处汉代平民公共墓地。

彩版七三 锅山墓葬群出土 M1 前室北壁石龙凤建筑人物图画像石

一四 峰山墓葬群

（一）墓葬群概况

峰山墓葬群位于王集镇苏塘峰山村（图二；彩版七四）。峰山为一独立的石灰岩山丘，大致呈南北向的椭圆形。峰山山体低矮，坡度平缓，北部和西南部为废弃采石宕口，山上土质为残积红土，下坡为洪积黄土，土质较黏含沙粒。山上植有槐树、泡桐、白杨等树木，峰山东有洪山、

1. 峰山墓葬群现状（北—南）

2. 峰山墓葬群现状（北—南）

彩版七四　峰山墓葬群现状

鲤鱼山，东、西、北三面被废黄河环绕。旧志载：峰、太、龙、虎四山为凤虎山，清康熙二十四年（1685年），河臣靳辅于此，凿成石闸4座，以泄河水。墓葬主要分布在峰山山南坡，分布较散乱，墓葬群面积约2500平方米。

墓葬群中心坐标为北纬34°4′53″、东经117°38′40″，海拔约40米。

（二）墓葬群调查

此次调查发现山体断壁面暴露有已破坏的墓葬数座，有石坑竖穴墓与石坑竖穴洞室墓，墓内

1. 峰山墓葬群断面暴露的墓葬（2009 年）　　　　　　2. 峰山墓葬群断面暴露的墓葬（2009 年）

彩版七五　峰山墓葬群断面暴露墓葬

填土呈灰黄色，夹杂较多碎石，经过夯打。暴露的墓葬长 1.5 ～ 2.5、深 3 ～ 6 米。因开山取土很多墓葬已破坏（彩版七五）。

曾出土器物有铁剑、陶瓮等。

根据墓葬形制、分布及出土随葬品分析，峰山墓葬群应是一处汉代平民公共墓地。

一五　望山墓葬群

（一）墓葬群概况

望山墓葬群位于睢宁县古邳镇望山村望山上（图二；彩版七六），此山位于古邳镇西北角与邳州占城交界处，以山脊为界，为邳睢两县共有。望山原名晾网山。古时，因山周围有菱角湖等湖泊，晴日渔民多于此山上晾网而得名。又因高出峰峦耸峙，如人登高望远，故又名望山。西、南紧挨村庄，北与邳州交界。望山属于低矮山丘，坡度较平缓。因开山采石，山体东部形成采石宕口。山顶及中下坡为坡积的黄土，山上植有松柏、槐树等树木。墓葬主要分布在山顶与山中下坡，且分布较散乱，墓葬群面积约 89700 平方米。1991 年 11 月 13 日被公布为睢宁县县级文物保护单位。

墓葬群中心坐标为北纬 34°8′59″、东经 117°49′49″，海拔约 57.3 米。

彩版七六　望山墓葬群现状（西—东）

（二）墓葬群调查

本次调查仅发现墓葬数座，多为小型石坑竖穴墓、竖穴石坑洞室墓，均已盗掘破坏，墓坑内淤积了大量泥土并长有杂草、小树（彩版七七）。

曾出土铜器有镜、盆、碗、剑，铜钱有五铢和货泉，陶器有壶、盘、碗，以及铁刀、铁戟等。

（三）采集遗物

地表仅采集到少量陶片，以泥质陶为主，纹饰有绳纹、弦纹等。可辨器形有陶壶底等（SWC代表睢宁望山墓葬群采集点；彩版七八；表五九）。

陶壶底　1件。

标本2023SWC：1，泥质灰陶。下腹弧收，高假圈足外撇，平底略凹。底径11.8、残高9.1厘米（图二九）。

根据墓葬形制、分布及出土随葬品、采集标本分析，望山墓葬群应是一处汉代平民公共墓地。

彩版七七　望山墓葬群暴露墓坑（现状）　　　　彩版七八　望山墓葬群散落的陶器残片

表五九　望山墓葬群采集遗物登记表

编号	名称	数量	质地	现状	年代
2023SWC：1	陶壶底	1	泥质灰陶	残	汉代

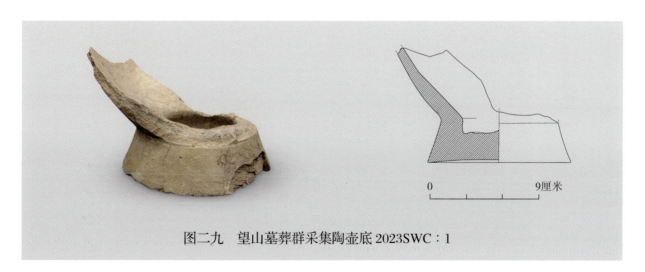

图二九　望山墓葬群采集陶壶底 2023SWC：1

一六　双棋山墓葬群

（一）墓葬群概况

双棋山墓葬群位于姚集镇刘店村（图二；彩版七九、八〇）。双棋山又名双齐山，为石灰岩山丘。山体平面呈半月形，由东西两座山头组成，山体部分岩石裸露，表土为红土，红褐黏土，含沙粒。山上植有杨树、槐树、泡桐、野花椒等树木。墓葬主要分布在山顶和山下坡，形制多样，

彩版七九　双棋山墓葬群现状（西—东）

彩版八○　双棋山墓葬群暴露墓坑（现状）

且排列有序，分布较密集。墓葬群面积约 19500 平方米。2011 年 11 月 13 日被公布为睢宁县县级文物保护单位。

墓葬群中心坐标为北纬 34°6′41″、东经 117°47′8″，海拔约 59 米。

（二）墓葬群调查与考古发掘

此次调查现场发现墓葬数座，为小型竖穴石室墓、竖穴石坑洞室墓。均已盗掘破坏，墓坑内淤积了大量泥土，长满杂草，少量墓葬墓室长有小树。地表散存有少量汉代红陶、灰陶片等。

　　20 世纪 90 年代，该区域曾发掘东汉石室墓 1 座，出土汉画像石 6 块，画像内容丰富，有伏羲捧日、拥彗侍者、仙人骑鹿、飞鸟异兽等，雕刻精美、技法多变。

　　翼虎、仙人骑鹿画像石　石长 2.83、宽 0.55、厚 0.34 米。画面为横构图，画面左刻一翼虎，右刻一仙人骑鹿（彩版八一，1）。

　　虎逐鹿画像石　石长 2.95、宽 0.56、厚 0.3 米。画面为横构图，画面左刻一鹿，鹿作奔跑状，右刻一虎，虎作追逐状（彩版八一，2）。

　　四犬逐兔画像石　石长 1.1、宽 0.39、厚 0.29 米。画面为横构图，画面刻四猎犬在追扑狡兔（彩版八二，1）。

　　四龙嬉戏画像石　石长 1.1、宽 0.37、厚 0.25 米。画面为横构图，画面刻四行龙，张口露齿，兽身、长颈，回首翘尾，或漫步行走，或翻腾跳跃（彩版八二，2）。

　　伏羲捧日画像石　石长 0.87、宽 0.30、厚 0.22 米。画面为竖构图，四周有边框，框内伏羲，头戴冠，人首蛇身，双手捧日（彩版八三，1）。

1. 翼虎、仙人骑鹿图画像石

2. 虎逐鹿图画像石

彩版八一　双棋山墓葬群出土画像石

1. 四犬逐兔图画像石

2. 四龙嬉戏图画像石

彩版八二　双棋山墓葬群出土画像石

　　拥篲侍者画像石　石长1.1、宽0.35、厚0.24米。画面为竖构图，画像共分为二层，上层刻二青龙，兽身、长颈，回首翘尾，呈嬉戏状，下层刻一侍者手持扫帚站立，表示对贵客的敬意（彩版八三，2）。

　　根据墓葬形制、分布及出土随葬品分析，双旗山墓葬群时代为西汉早期到东汉晚期，是一处汉代平民公共墓地，其中包含多个家族墓地。

1. 伏羲捧日图画像石　　　　　2. 拥篲侍者图画像石

彩版八三　双棋山墓葬群出土画像石

一七　徐沙河墓葬群

（一）墓葬群概况

徐沙河墓葬群位于睢宁县睢城街道徐沙河城区段小睢河地涵东侧（图二；彩版八四）。墓葬区西侧靠近南北走向的小睢河，南侧是白杨树林，北侧是徐沙河堤绿化观光带。墓葬位于徐沙河河底，距地面深约 5.5 米。上部堆积主要为黄泛淤积层，厚 5.5～7 米。

墓葬群中心坐标为北纬 33°53′7″、东经 117°56′31″，海拔约 26 米。

彩版八四　徐沙河墓葬群现状（南—北）

（二）墓葬群调查

2023 年 4 月，因徐沙河河道清淤，局部暴露青砖（彩版八五）。

据土质土色，该区域地层堆积可分两层。

第①层：表土层。厚 0.7 ～ 0.9 米。灰褐色黏土，致密度较软，无包含物。

第②层：淤土层。厚 0.8 ～ 2.8 米。灰黑色淤泥，致密度较软，包含碎砖砾。

以下为黄褐色生土。

彩版八五　徐沙河墓葬群暴露青砖

经过对徐沙河城区段小睢河堤东侧河道的考古调查勘探工作，发现疑似墓葬 8 座，均为长方形砖室墓，河道南、北两岸各 4 座，总面积约 500 平方米。墓葬多已遭到破坏，河道底部可见汉代陶片、青砖残块。

根据墓葬形制、分布及采集陶片、青砖残块分析，徐沙河墓葬群是一处东汉时期平民公共墓地。

一八　西山墓葬群

（一）墓葬群概况

西山墓葬群位于姚集镇梁山村西 500 米（图二；彩版八六）。西山为一独立的石灰岩山丘，呈东西向椭圆形，山南有墓山、梁山、梁山水库，山北、山西与铜山区交界。山上植有松柏，山南中下坡为农田，主要种植小麦、大蒜等。墓葬主要分布在山顶东部，且分布较散乱，墓葬群面积约 5000 平方米。1991 年 3 月 25 日被公布为睢宁县县级文物保护单位。

墓葬群中心坐标为北纬 34°7′23″、东经 117°41′12″，海拔约 51 米。

（二）墓葬群调查

本次调查仅发现墓葬数座，多为石椁墓或石坑竖穴墓，均已盗掘破坏，墓坑内淤积了大量泥土并长有杂草、小树。

曾出土汉画像石（彩版八七）、五铢铜钱、铜镜等。

根据墓葬形制、分布及随葬品分析，西山墓葬群是一处汉代平民公共墓地。

彩版八六　西山墓葬群现状（南—北）

彩版八七　西山墓葬群曾出土汉画像石（2009 年）

一九　姚山头墓葬群

（一）墓葬群概况

姚山头墓葬群位于岚山镇西北约 5.5 千米陈集村姚山头（图二；彩版八八）。姚山头为低矮山丘，其山东西较长，南北狭窄，东西并列两峰，东峰较高。山体为石灰岩，山下为积坡的黄土。山上植有松柏。墓葬主要分布在山南上坡和山下的农田内，分布较密集。墓葬群面积约 90000 平方米。2011 年 11 月 13 日被公布为睢宁县县级文物保护单位。

彩版八八　姚山头墓葬群现状（西—东）

墓葬群中心坐标为北纬 33°58′1″、东经 117°40′50″，海拔约 81.3 米。

彩版八九　姚山头墓葬群暴露的青砖

（二）墓葬群调查

此次调查现场发现墓葬数座，多为砖室墓与石坑竖穴墓。均已盗掘破坏，墓坑内有大量泥土淤积，部分长有杂草和小树。山下坡及周边农田地表可见散落的青砖残块（彩版八九）。

根据墓葬形制、分布及随葬品分析，姚山头墓葬群是一处沿用时间较长的汉代平民公共墓地。

二〇　汤山墓葬群

（一）墓葬群概况

汤山墓葬群位于古邳镇汤山村（图二；彩版九〇）。汤山实为半戈山支脉，因明汤总兵墓地而得名。山体为石英砂岩，光秃少树，地表植被较少。墓葬主要分布在山上及山周围，分布较密集，

彩版九〇　汤山墓葬群现状（东—西）

墓葬群面积约 10000 平方米。

墓葬群中心坐标为北纬 34°7′50″、东经 117°51′51″，海拔约 37 米。

（二）墓葬群调查

本次调查仅发现石坑竖穴墓数座。

2009 年，在第三次全国不可移动文物普查中发现墓葬 10 余座。墓葬规模较小，有石坑竖穴石椁墓、石坑竖穴砖室墓，其中以石坑竖穴墓居多，早年均已盗掘破坏（彩版九一）。

根据墓葬形制、分布分析，汤山墓葬群是一处沿用时间较长的汉代平民公共墓地。

1. 汤山墓葬群暴露的墓坑（2009 年）

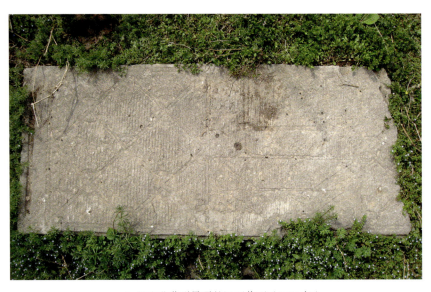

2. 汤山墓葬群暴露的汉画像石（2009 年）

彩版九一　汤山墓葬群暴露墓坑及出土画像石

二一　青山头墓葬群

（一）墓葬群概况

青山头墓葬群位于姚集镇杜湖村（图二；彩版九二，1）。青山头为低矮平缓的石灰岩山丘。墓葬分布在山顶与山南坡上，分布较密集，墓葬群面积约 1000 平方米。

墓葬群中心坐标为北纬 34°6′48″、东经 117°47′54″，海拔约 36 米。

（二）墓葬群调查

2009 年第三次全国不可移动文物普查时发现墓葬数座，墓葬规模较小，多为石坑竖穴墓，早

1.青山头墓葬群现状（东北—西南）

2.青山头墓葬群暴露的墓
坑（2009 年）

彩版九二　青山头墓葬群现状及暴露墓坑

年均已被盗掘破坏（彩版九二，2）。墓葬群所处地势南高北低，现为农田，主要种植小麦、油菜、大蒜等。

根据墓葬形制推断，青山头墓葬群时代为汉代。

二二　良山墓葬群

（一）墓葬群概况

良山墓葬群位于梁山村四山庄西南良山上（图二；彩版九三），南侧紧邻西爬山，东侧为村庄。良山为一低矮山丘，属西爬山的延伸部分，山体平面呈椭圆形，坡度较平缓，土层较厚，为红色黏土。因矿山生态修复治理，现为混交林地，主要植有刺槐、侧柏、杨树等树木。墓葬主要分布在山丘北侧，分布较密集，墓葬群面积约 5000 平方米。

墓葬群中心坐标为北纬 34°6′36″、东经 117°42′28″，海拔约 70 米。

（二）墓葬群调查

2009 年第三次全国不可移动文物普查发现有墓葬 10 余座，为小型石坑竖穴石椁墓和石坑竖穴墓，早年均已盗掘破坏（彩版九四）。

根据墓葬形制推断，良山墓葬群时代为汉代。

彩版九三　良山墓葬群现状（南—北）

1. 良山墓葬群暴露的墓坑（2009 年）

2. 良山墓葬群暴露的墓坑（2009 年）

彩版九四　良山墓葬群暴露墓坑

二三　花山墓葬群

（一）墓葬群概况

花山墓葬群位于睢宁县姚集镇蛟龙村（图二；彩版九五，1）。花山为小花山和大花山两峰相连的石灰岩山丘，平面近椭圆形，植有元宝槭、侧柏、槐树等树木。墓葬主要分布在花山西部，且排列有序，分布较密集，墓葬群面积约 12000 平方米。

墓葬群中心坐标为北纬 33°11′33″、东经 117°54′54″，海拔约 78.7 米。

1. 花山墓葬群现状（西北—东南）

2. 花山墓葬群暴露的墓坑（现状）

彩版九五　花山墓葬群现状及暴露墓坑

（二）墓葬群调查

本次调查共发现墓葬 10 余座，大部分墓葬呈东西向，为中小型石坑竖穴墓和石坑竖穴洞室墓。均已盗掘破坏，墓坑内有大量泥土淤积，并长有杂草、小树（彩版九五，2）。

根据墓葬形制推断，花山墓葬群时代为汉代，是一处平民公共墓地。

二四　坝山墓葬群

（一）墓葬群概况

坝山墓葬群位于岚山镇陈集村西北坝山上（图二；彩版九六）。坝山呈东西走向，平面近椭圆形。山体石灰岩石质，西坡较平缓，东侧为采石宕口，现为林地，主要树木有松柏、褚桃树、槐树等。墓葬主要分布在坝山西坡和山南中下坡，分布较为密集，墓葬群面积约 3000 平方米。

墓葬群中心坐标为北纬 33°58′12″、东经 117°40′31″，海拔约 73.6 米。

（二）墓葬群调查

2009 年第三次全国不可移动文物普查发现墓葬数座，均为石坑竖穴墓，规模较小。均已被盗掘破坏，墓坑内淤积了大量泥土并长有杂草、小树。

（三）采集遗物

采集的陶片以泥质陶为主，纹饰有绳纹、弦纹等。可辨器形有陶盒盖、陶房盖等（SBC 代表睢宁坝山墓葬群采集点，表六〇）。

彩版九六　坝山墓葬群现状（西—东）

表六〇　坝山墓葬群采集遗物登记表

编号	名称	数量	质地	现状	年代
2023SBC：1	陶盒盖	1	夹砂灰陶	残	汉代
2023SBC：2	陶房盖	1	泥质灰陶	残	汉代

陶盒盖　1件。

标本2023SBC：1，残，已修复。夹砂灰陶。穹隆形盖，敞口，方唇，弧壁。直径17.2、高5厘米（图三〇，1；彩版九七，1）。

陶房盖　1件。

标本2023SBC：2，局部残缺。泥质灰陶。呈不规则长方形，悬山两坡顶。长7.5、宽6.4、高3.2厘米（图三〇，2；彩版九七，2）。

根据墓葬形制及采集到的标本分析，坝山墓葬群为汉代平民公共墓地。

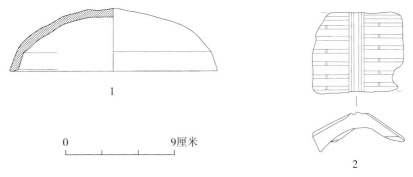

0　　　　　　　　9厘米

图三〇　坝山墓葬群采集遗物
1.陶盒盖2023SBC：1　2.陶房盖2023SBC：2

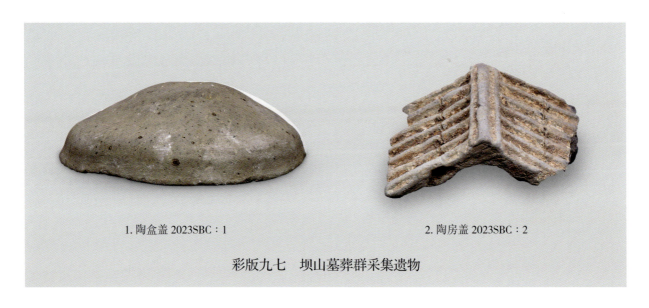

1.陶盒盖 2023SBC：1　　　　　2.陶房盖 2023SBC：2

彩版九七　坝山墓葬群采集遗物

二五 崔山墓葬群

（一）墓葬群概况

崔山墓葬群位于丁山村崔山上（图二；彩版九八，1、2）。东南邻近丁山村，西侧靠近韩山，西北距姚山头约 1500 米。崔山为一独立的石灰岩山丘，呈西南东北向的椭圆形。山体部分为废

1. 崔山墓葬群现状（南—北）

2. 崔山墓葬群现状（北—南）

彩版九八 崔山墓葬群现状

弃采石宕口，地势高低不平，现为林地，植有国槐、杨树、槐树等树木。墓葬主要分布在山南坡地上与附近农田内，墓葬群面积约 10000 平方米。

墓葬群中心坐标为北纬 33°57′22″、东经 117°42′11″，海拔约 43 米。

（二）墓葬群调查

此次调查现场地表发现少量陶片与青砖碎块。经走访当地老百姓得知，20 世纪 90 年代因开山采石很多墓葬被毁，有砖室墓、石坑竖穴墓，墓葬规模都较小。现因矿山生态修复治理，早年遗留的墓坑已修复平整，现成为混交林地。

（三）采集遗物

采集的陶片以泥质陶为主，纹饰有绳纹、弦纹等。可辨器形有陶盒盖等（SCC 代表睢宁崔山墓葬群采集点；表六一）。

表六一　崔山墓葬群采集遗物登记表

编号	名称	数量	质地	现状	年代
2023SCC：1	陶盒盖	1	泥质灰陶	残	汉代

陶盒盖　1 件。

标本 2023SCC：1，残，已修复。泥质灰陶。覆钵形盖，盖顶设矮圈足，敞口，方唇，弧腹。外腹部饰三道凹弦纹。口径 16、高 5.2 厘米（图三一；彩版九九）。

根据墓葬形制及采集标本分析，崔山墓葬群为一处汉代平民公共墓地。

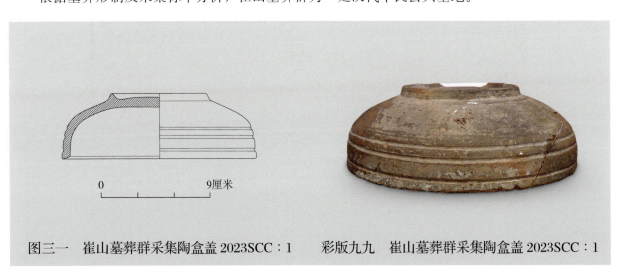

图三一　崔山墓葬群采集陶盒盖 2023SCC：1　　彩版九九　崔山墓葬群采集陶盒盖 2023SCC：1

二六　独山墓葬群

（一）墓葬群概况

独山墓葬群位于岚山镇鸡宝村（图二；彩版一〇〇，1）。独山南有坝山、鸡宝泉，东、西、北三面为村庄。山体东西走向呈椭圆形，植有松柏、褚桃树、槐树等。墓葬主要分布在山东、山南的斜坡上，且分布较密集，墓葬群面积约 5000 平方米。

墓葬群中心坐标为北纬 33°58′30″、东经 117°40′24″，海拔约 81.3 米。

1. 独山墓葬群现状（西—东）

2. 独山墓葬群暴露的墓坑（2009 年）

彩版一〇〇　独山墓葬群现状及暴露墓坑

（二）墓葬群调查

本次调查仅发现墓葬数座，规模较小，多为石坑竖穴墓，均已盗掘破坏。墓坑内长时间淤积了大量泥土基本被填平，长有杂草、小树。

2009年第三次全国不可移动文物普查在山南斜坡上发现墓葬1座，为石坑竖穴，东西向，壁面用石块修补垒砌。由于被盗掘破坏，墓坑内已淤积了大量泥土（彩版一〇〇，2），未发现葬具及随葬品。

（三）采集遗物

采集的陶片以泥质陶为主，纹饰有绳纹、弦纹等。可辨器形有陶盒腹片、陶器盖等（SDC代表睢宁独山墓葬群采集点；表六二）。

表六二　独山墓葬群采集遗物登记表

编号	名称	数量	质地	现状	年代
2023SDC：1	陶盒腹片	1	泥质灰陶	残	汉代
2023SDC：2	陶器盖	1	泥质红陶	残	汉代

陶盒腹片　1件。

标本2023SDC：1，泥质灰陶。子口，口内敛，圆唇，弧腹。口径13、残高7厘米（图三二，1；彩版一〇一，1）。

陶器盖　1件。

标本2023SDC：2，残。泥质红陶。穹形盖，母口，圆唇，弧腹。器表施青黄釉。直径16.8、残高2厘米（图三二，2；彩版一〇一，2）。

根据墓葬形制及采集标本分析，独山墓葬群为一处汉代平民公共墓地。

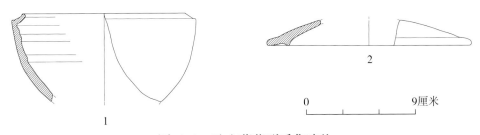

图三二　独山墓葬群采集遗物
1.陶盒腹片2023SDC：1　2.陶器盖2023SDC：2

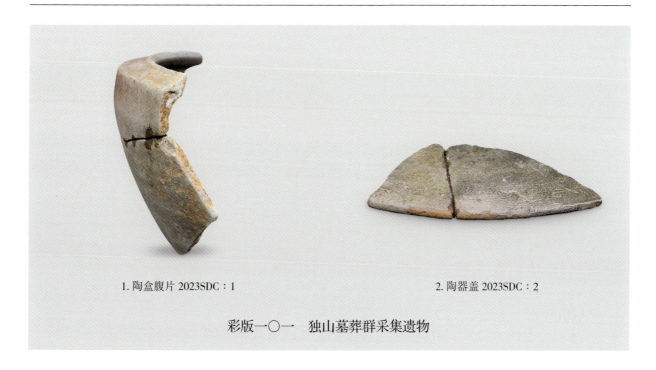

1. 陶盒腹片 2023SDC：1   2. 陶器盖 2023SDC：2

彩版一〇一　独山墓葬群采集遗物

二七　韩山墓葬群

（一）墓葬群概况

韩山墓葬群位于睢宁县岚山镇丁山村北（图二；彩版一〇二）。韩山为一独立的石灰岩山丘，平面近椭圆形。东部紧挨崔山，东南是丁山村，西北距姚山头约1300米。山体全部为废弃采石宕口，现植有国槐、杨树、槐树等。墓葬主要分布在山南侧，地势平坦，分布较为密集，墓葬群面积约10000平方米。

墓葬群中心坐标为北纬33°57′20″、东经117°41′37″，海拔约36米。

彩版一〇二　韩山墓葬群现状（西—东）

（二）墓葬群调查

经走访当地老百姓得知，20世纪90年代，因开山采石很多墓葬被毁坏，有砖室墓、石坑竖穴墓，墓葬规模都较小。

本次调查现场地表发现少量陶片与青砖碎块（彩版一〇三）。

（三）采集遗物

采集的遗物有陶片、青砖。陶片以泥质陶为主，纹饰有绳纹、弦纹、菱形纹、几何纹、多重三角纹、重环纹等。可辨器形有陶豆盘，青砖均有纹饰（SHSC代表睢宁韩山墓葬群采集点；表六三）。

彩版一〇三　韩山墓葬群暴露散落的墓砖

表六三　韩山墓葬群采集遗物登记表

编号	名称	数量	质地	现状	年代
2023SHSC：1	陶豆盘	1	泥质灰陶	残	汉代
2023SHSC：2	青砖	1	夹砂灰陶	残	汉代
2023SHSC：3	青砖	1	夹砂灰陶	残	汉代
2023SHSC：4	青砖	1	夹砂灰陶	残	汉代

陶豆盘　1件。

标本 2023SHSC：1，泥质灰陶。敞口，方唇，折弧腹，盘下端残缺，内腹饰数道凹弦纹，外腹饰有两道凸弦纹。残高 5、口径 16.6、底径 4.8 厘米（图三三；彩版一〇四，1）。

青砖　3块。

标本 2023SHSC：2，残半。夹砂灰陶。平面长方形，双面饰细绳纹，一侧饰几何纹。残长 15.2、宽 14、厚 5 厘米（图三四，1；彩版一〇四，2）。

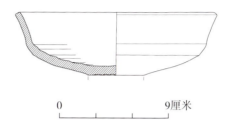

0　　　　　　　　　9厘米

图三三　韩山墓葬群采集陶豆盘 2023SHSC：1

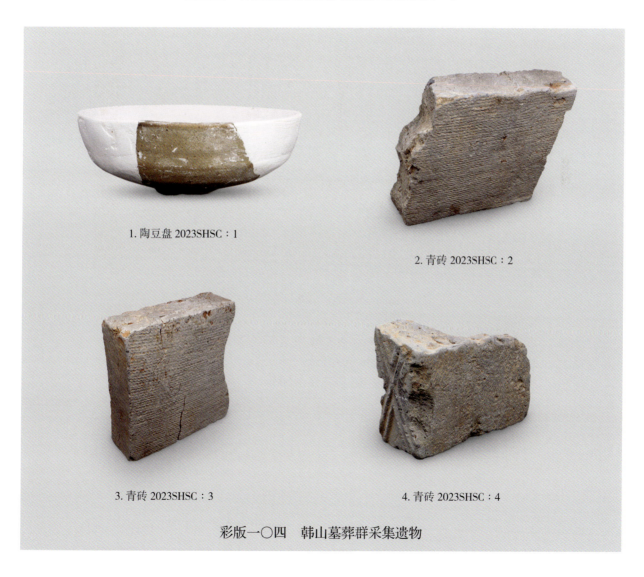

1. 陶豆盘 2023SHSC：1

2. 青砖 2023SHSC：2

3. 青砖 2023SHSC：3

4. 青砖 2023SHSC：4

彩版一〇四　韩山墓葬群采集遗物

　　标本2023SHSC：3，残缺。夹砂灰陶。平面长方形，双面饰细绳纹，一侧饰菱形纹。残长14.5、宽15.7、厚4.8厘米（图三四，2；彩版一〇四，3）。

　　标本2023SHSC：4，残缺。夹砂灰陶。平面长方形，双平面皆饰细绳纹，一侧面饰多重三角纹和重圈纹，端面饰多重三角纹。残长16.6、宽11.3、厚6厘米（图三四，3；彩版一〇四，4）。

　　根据墓葬形制及采集标本分析，韩山墓葬群为一处汉代平民公共墓地。

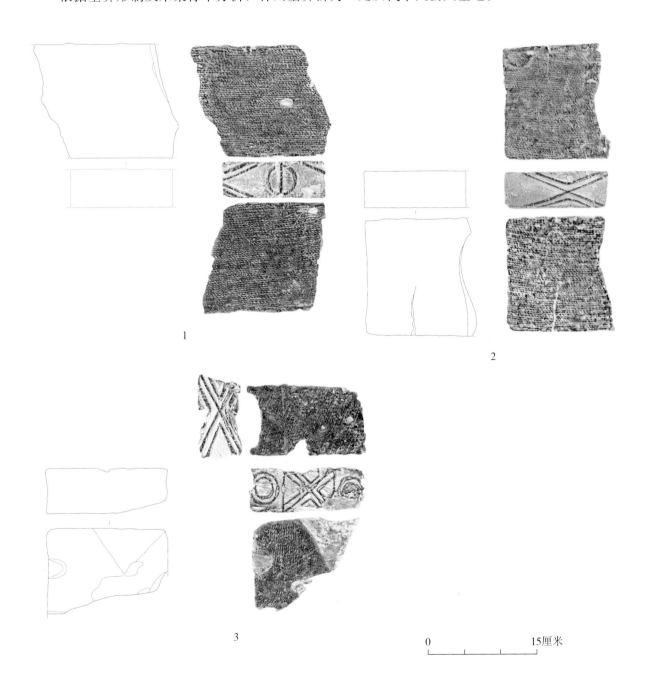

1

2

3

0　　　　　　　　　　15厘米

图三四　韩山墓葬群采集遗物
1.青砖2023SHSC：2　2.青砖2023SHSC：3　3.青砖2023SHSC：4

二八　红山墓葬群

（一）墓葬群概况

红山墓葬群位于睢宁县姚集镇张圩黄山村北侧（图二；彩版一〇五）。红山又名羊角山，由东西两座山体组成的石灰岩山丘，平面呈东西向的椭圆形。西、北紧邻黄山，山南是黄山村、张圩环山沟，植有刺槐、杨树、侧柏等树木。墓葬主要分布在红山山顶部，分布较为松散，墓葬群面积约 5000 平方米。

墓葬群中心坐标为北纬 33°5′45″、东经 117°40′41″，海拔约 83 米。

（二）墓葬群调查

本次调查仅发现石坑竖穴墓一座，已盗掘破坏。该墓位于山顶中部偏东，无随葬品。墓坑内淤积了大量泥土并长有杂草、小树（彩版一〇六）。南北长约 3.5、东西宽约 1.7、深约 3.35 米。

2009 年，在墓葬群范围发现墓葬一座。该墓葬位于山顶偏北部，已被盗扰破坏，为石坑竖穴墓，平面呈长方形，南北长约 3.20、东西宽约 1.70、深约 5.10 米。墓室内残存有陶罐、壶、鼎等残片。

根据墓葬形制及出土随葬品分析，红山墓葬群为一处汉代平民公共墓地。

彩版一〇五　红山墓葬群现状（西—东）

彩版一〇六 红山墓葬群暴露的墓坑（现状）

二九 鸡宝山墓葬群

（一）墓葬群概况

鸡宝山墓葬群位于岚山镇鸡宝村西侧（图二；彩版一〇七）。鸡宝山由大、小两座独立山丘组成。大山居南，平面呈东西向椭圆形；小山居北，平面呈圆形。墓葬群东南为鸡宝泉遗址。墓葬主要分布在山东北部。分布较为密集，墓葬群面积约5000平方米。

墓葬群中线坐标为北纬 33°58′15″、东经 117°39′43″，海拔约51.3米。

（二）墓葬群调查

2009年第三次全国不可移动文物普查期间发现墓葬3座，均为土坑竖穴墓，墓葬规模较小，早年均已盗掘破坏（彩版一〇八）。

本次调查于2009年发现墓葬东北约20米处发现1座土坑竖穴墓。已被盗掘破坏。墓坑内淤积有大量泥土，基本被填平，长有杂草、小树。

根据墓葬形制推断，鸡宝山墓葬群时代为西汉时期。

彩版一〇七　鸡宝山墓葬群现状（南—北）

彩版一〇八　鸡宝山墓葬群暴露的墓坑（2009 年）

三〇　鸡宝村墓葬群

（一）墓葬群概况

　　鸡宝村墓葬群位于睢宁县岚山镇西北约 5800 米鸡宝村（图二；彩版一〇九）。墓群东南为鸡宝泉遗址，西 250 米为鸡宝山墓葬群，东部紧挨独山墓葬群。墓葬主要分布在村庄内低矮缓坡的无名小山上，其山东西较长，南北狭窄，平面呈椭圆形，现为混交林地，主要树木有松柏、枣树、槐树等。墓葬主要分布在山顶和山南中下坡。分布较为散乱，墓葬群面积约 2000 平方米。

　　墓葬群中心坐标为北纬 33°58′23″、东经 117°40′0″，海拔约 60.4 米。

（二）墓葬群调查

　　本次调查仅发现墓葬数座，为小型石坑竖穴墓，均盗掘破坏。墓坑内淤积有大量泥土，现已基本被填平，长有杂草、小树（彩版一一〇）。地表散见少量灰陶片。

　　2009 年第三次全国不可移动文物普查时发现有数座墓葬。均为小型石坑竖穴墓，早年均已盗掘破坏。

　　根据墓葬形制及地表陶片分析，鸡宝村墓葬群为一处西汉时期平民公共墓地。

彩版一〇九　鸡宝村墓葬群现状（南—北）

彩版一一〇 鸡宝村墓葬群暴露的墓坑（现状）

三一 龙头山墓葬群

（一）墓葬群概况

龙头山墓葬群位于睢宁县官山镇龙山村（图二；彩版一一一）。龙头山原山巅有红土堆，远望若龙形，故名老龙头。古有山寨、石墩寺、青云寺，今无存，植有槐树、泡桐、白杨等树木。墓葬主要分布在龙头山山坡下的小土岗上，多为小型石椁墓，分布较为散乱，墓葬群面积约 4000 平方米。

墓葬群中心坐标为北纬 33°48′39″、东经 117°52′14″，海拔约 30 米。

（二）墓葬群调查

在 2013 年 3 月，平整土地建设龙头山食用菌培植基地时发现土坑竖穴石椁墓数座，规模较小，均已破坏（彩版一一二）。

曾出土汉代釉陶罐、西晋青瓷辟邪、铜钱等随葬品。

本次调查发现山体大部分区域已为平地，仅局部残留少部分山体。

根据墓葬形制及出土器物分析，龙头山墓葬群应为一处东汉时期平民公共墓地。

彩版一一一　龙头山墓葬群现状（南—北）

彩版一一二　龙头山墓葬群断壁暴露的墓葬（2013 年）

三二　蛟龙山墓葬群

（一）墓葬群概况

蛟龙山墓葬群位于蛟龙村（图二；彩版一一三）。蛟龙山为石灰岩山丘，由四个相连的山峰组成，因其弯曲起伏形似蛟龙而得名"蛟龙山"，东西长约 5000、南北宽 186 米。山上植有元宝槭、侧柏、槐树、泡桐等树木。蛟龙山山东是蛟龙村、双孤堆古墓葬，山南有清水畔水库、清水

彩版一一三 蛟龙山墓葬群现状（南—北）

畔墓葬群、刘楼墓葬群、刘楼窑址，西部紧挨花山和花山墓葬群。墓葬主要分布在蛟龙山东部，多南北向，排列有序，分布较为密集，墓葬群面积约 22000 平方米。

墓葬群中心坐标为北纬 33°12′16″、东经 117°57′56″，海拔约 98.8 米。

（二）墓葬群调查

本次调查仅发现墓葬数座，主要为石坑竖穴墓和石坑竖穴洞室墓，形制较小，有单人葬墓和夫妻合葬墓，均被盗掘破坏。墓坑内淤积有大量泥土，现已被填平，长有杂草、小树（彩版一一四）。

根据墓葬形制分析，蛟龙山墓葬群应为一处汉代平民公共墓地。

彩版一一四　蛟龙山墓葬群暴露的墓坑（现状）

三三　梁山墓葬群

（一）墓葬群概况

梁山墓葬群位于睢宁县姚集镇梁山村梁山（图二；彩版一一五）。梁山东北紧挨梁山水库、北部有墓山墓葬群。梁山为石灰岩山丘，平面呈椭圆形，东西长约 960、南北宽 400 米。山表遍植柏树。墓葬主要分布在梁山东北中下坡，且分布较散乱，墓葬群面积约 15000 平方米。

墓葬群中心坐标为北纬 34°6′33″、东经 117°41′60″，海拔约 99 米。

（二）墓葬群调查

2009 年，在墓葬群范围内梁山北坡发现 1 座砖构券顶双室墓。墓葬呈南北向长方形，东西并列两室，北部被破坏，青砖铺地，墓壁以单砖错缝平铺，纵向单层券顶。现场散落有墓砖和墓主骨骸。未见葬具及随葬品。

本次调查发现墓葬数座。主要为石坑竖穴墓和砖室墓，墓葬规模较小，分单人葬墓和夫妻合葬墓，均已被盗掘破坏。墓坑内淤积有大量泥土，并长有杂草、小树（彩版一一六）。

根据墓葬形制及墓砖分析，梁山墓葬群为一处东汉时期的平民公共墓地。

彩版一一五　梁山墓葬群现状（西—东）

彩版一一六　梁山墓葬群暴露的墓坑（现状）

三四　清水畔墓葬群

（一）墓葬群概况

清水畔墓葬群位于睢宁县姚集镇蛟龙村（图二；彩版一一七）。墓葬群北靠蛟龙山，西邻刘楼墓葬群，东距双孤堆古墓葬约 1.5 千米，南邻清水畔水库。墓葬主要分布在清水畔村庄前和附近农田内，墓葬形制主要为砖室墓，分布较散乱，墓葬群面积 8000 平方米。

墓葬群中心坐标为北纬 34°7′1″、东经 117°45′54″，海拔约 39 米。

（二）墓葬群发掘

2007～2008 年，睢宁县博物馆发掘墓葬 2 座，编号为 M1、M2。

1.M1

M1 位于原清水畔小学校园内，砖室墓，单室，墓葬规模较小，破坏严重，出土随葬品有铅俑、陶罐、五铢钱等。

彩版一一七　清水畔墓葬群现状（西—东）

2.M2

M2 位于 M1 西北约 50 米，砖室墓，南北长 5.6、东西宽 4.2、深约 3 米。已盗掘破坏，未发现葬具及随葬品。

根据墓葬形制及出土随葬品分析，清水畔墓葬群应为一处东汉时期平民公共墓地。

三五　宋山墓葬群

（一）墓葬群概况

宋山墓葬群位于睢宁县官山镇宋山村（图二；彩版一一八）。宋山地处睢宁县城西南约 17 千米。《光绪睢宁县志稿》载："宋家山，在赵山西南三里，山之阳有普济寺。"宋山与张山、赵山，传为异姓同亲三兄弟，故旧时张、赵、宋三姓的堂号同为"三山堂"，今仍沿用。山上植有少量槐树、泡桐、白杨等树木。墓葬主要分布在山南坡和东北坡，分布比较散乱，墓葬群面积约 4000 平方米。

墓葬群中心坐标为北纬 33°46′11″、东经 117°49′32″，海拔约 34 米。

（二）墓葬群调查

2013 年，村民取土发现土坑石椁墓一座，已盗掘破坏，出土釉陶罐 1 件。

彩版一一八　宋山墓葬群现状（西—东）

　　本次调查，发现山体断面有暴露出的墓葬和地表散落的青石板，确认墓葬形制有土坑竖穴墓、土坑石椁墓（彩版一一九，1、2）。

　　根据墓葬形制及出土随葬器物分析，宋山墓葬群应为一处汉代平民公共墓地。

1. 宋山墓葬群暴露的石椁板（现状）

2. 宋山墓葬群断面暴露人体骸骨（现状）

彩版一一九　宋山墓葬群暴露墓葬现状（西—东）

三六　铁寺墓葬群

（一）墓葬群概况

铁寺墓葬群位于睢宁县姚集镇铁寺村太平山下（图二；彩版一二〇，1）。墓葬主要分布在铁寺村庄北部低矮土丘上，紧邻太平山，墓葬群面积约2000平方米。墓葬群所处区域地势由北向南倾斜，表土为红色黏土，种植玉米、大豆等。周围植有泡桐、侧柏、槐树等。

墓葬群中心坐标为北纬34°6′25″、东经117°43′54″，海拔约40米。

1. 铁寺墓葬群现状（北—南）

2. 铁寺墓葬群散落的墓砖（现状）

彩版一二〇　铁寺墓葬群现状及散落墓砖

（二）墓葬群调查

20世纪90年代，村民在铁寺村庄北部山体周围取土时曾发现墓葬，为小型砖室墓，均已破坏。现为当地村民菜园，地表可见大量的青砖残块（彩版一二○，2）。

根据墓葬所用青砖推断，铁寺墓葬群应为一处东汉时期平民公共墓地。

三七　朱圩墓葬群

（一）墓葬群概况

朱圩墓葬群位于桃园镇朱集社区老龙河河道内（图二；彩版一二一）。老龙河为徐洪河支流，清乾隆二十三年（1758年）始浚，北起废黄河南堤，流至大口子附近入安河。朱集社区地层上层为金明昌五年（1194年）至清咸丰五年（1855年）黄河泛滥冲积物形成的淤土，土色棕黄，质地黏重，距地表0.50～1.0米下即为沙土层。墓葬群面积约1000平方米。

墓葬群中心坐标为北纬33°52′20″、东经117°51′31″，海拔约16米。

彩版一二一　朱圩墓葬群现状（西—东）

（二）墓葬群调查

2021 年 11 月，因朱圩抽水站重建，在清理河淤中发现墓葬 2 座。墓葬南北向，呈东西排列，为土坑竖穴墓，有木棺。

根据墓葬形制分析，朱圩墓葬群时代为汉代。

三八　鲤鱼山墓葬群

（一）墓葬群概况

鲤鱼山墓葬群位于睢宁县姚集镇洪山村鲤鱼山上（图二；彩版一二二）。鲤鱼山为一独立的石灰岩山丘。东西长约 280、南北宽 120 米，平面呈东南西北卧向椭圆形，低山缓坡，石灰岩石，光滑如磨，形似鱼鳞。从上往下俯瞰形似鲤鱼游水，鱼头在东南方向，鱼尾在西北方向，得名为鲤鱼山。《行水金鉴卷》四十九载："自徐城下行一百余里至睢宁县鲤鱼山地方，北岸系鲤鱼山，南岸一带为峰山龙虎山，两山相峙夹黄河于中央，河面仅宽百丈，而河底乃系山脚冲刷不深，河

彩版一二二　鲤鱼山墓葬群现状（西—东）

彩版一二三　鲤鱼山墓葬群暴露的墓坑（现状）

水到此又为一束，以致今年有来字堡之漫缺也，臣拟于南岸峰山龙虎山之旁，开凿天然减水深底石闸四座，以为随机分泄之计。"现山表遍植松柏。墓葬主要分布在山顶部，且分布得较为散乱，墓葬群面积约 3500 平方米。

　　墓葬群中心坐标为北纬 34° 5′ 30″、东经 117° 39′ 25″，海拔约 50 米。

（二）墓葬群调查

　　此次调查仅发现墓葬数座，均为石坑竖穴墓，规模较小，已全部被盗掘破坏。墓坑内淤积有大量泥土，现已填平，长有杂草、小树（彩版一二三）。

　　根据墓葬形制分析，鲤鱼山墓葬群时代为汉代。

三九　西涧营墓葬群

（一）墓葬群概况

　　西涧营墓葬群位于姚集镇大同社区西涧营南侧的农田内（图二；彩版一二四）。该区域地势南高北低，地面较为开阔，东、西、北三面环村，其南 800 米有锅山、锅山水库。种植有玉米、大豆等农作物。墓葬群面积约 400 平方米。

　　墓葬群中心坐标为北纬 34° 8′ 1″、东经 117° 43′ 26″，海拔约 30 米。

彩版一二四　西涧营墓葬群现状（西北—东南）

（二）墓葬群调查

本次调查、勘探，发现墓葬数座，多为土坑石椁墓，分布散乱。

2015 年，当地村民在迁移烈士墓过程中发现墓葬 2 座。随后对其进行了抢救性考古发掘，编号为 M1、M2。

1.M1

M1 开口于①层下，为土坑竖穴石椁墓。开口平面呈南北向长方形，墓圹长约 2.3、宽约 1.1 米，距地表深约 0.6 米见石椁，填土为灰黄色五花土，较致密。

未见随葬品。

2.M2

M2 开口于①层下，为土坑竖穴石椁墓。开口平面呈南北向长方形，墓圹长约 2.1、宽约 1.0 米，距地表深约 0.5 米见石椁，填土为灰黄色五花土，较致密。

未见随葬品。

根据墓葬形制分析，西涧营墓葬群时代为汉代。

四〇　磨山墓葬群

（一）墓葬群概况

磨山墓葬群位于岚山镇土山村磨山顶部（图二；彩版一二五）。磨山位于土山村西北，为一低矮山丘，山体平面呈近椭圆形，北高南低，坡度较平缓，东部部分为废弃采石宕口。山东侧为土山水库，北部紧邻寨山。表植有刺槐、侧柏、杨树等。墓葬主要分布在山顶部，且分布得较为密集，墓葬群面积约 1200 平方米。

墓葬群中心坐标为北纬 33°56′9″、东经 117°40′52″，海拔约 78 米。

（二）墓葬群调查

本次调查发现墓葬数座，多为石坑竖穴墓，规模较小，均已盗掘破坏。墓坑内淤积大量泥土，现已基本填平，长有杂草、小树（彩版一二六）。

2008 年，文物普查中发现墓葬一座，形制为石坑竖穴墓，已被盗掘破坏。

根据墓葬形制分析，磨山墓葬群时代为汉代。

彩版一二五　磨山墓葬群现状（西—东）

彩版一二六　磨山墓葬群暴露的墓坑（2008 年拍摄）

四一　羊山墓葬群

（一）墓葬群概况

羊山墓葬群位于睢宁县古邳镇旧州村羊山上（图二；彩版一二七）。清顾祖禹《读史方舆纪要》中名"阳山"。山西北隅，因咸丰十年筑圩，修路需要而切平，即所谓"羊切脚"。山顶有"宗善禅寺""僧王祠"。明成化七年（1471 年）宫中侍膳太监邳州人徐瑛，奉皇后懿旨建造。原有六殿三宫，铸有如来铜像。1941 年毁于战火，现仅存石碑 1 通和 2 龟趺。碑高 1.6、宽 0.6、厚 0.4 米。碑首刻有浮雕双龙戏珠，记载明成化年间宫中侍善太监邳州人徐瑛奉皇后懿旨建寺经过，由明资政大夫、兵部尚书商辂撰文，凤阳人赵辅书丹。墓葬主要分布在山顶和山南坡，分布较为密集。

墓葬群中心坐标为北纬 34°7′14″、东经 117°52′35″，海拔约 35 米。

（二）墓葬群调查

2009 年，第三次全国不可移动文物普查中发现墓葬数座，为石坑竖穴墓、石坑竖穴洞室墓，已全部被盗掘破坏。

彩版一二七　羊山墓葬群现状（西—东）

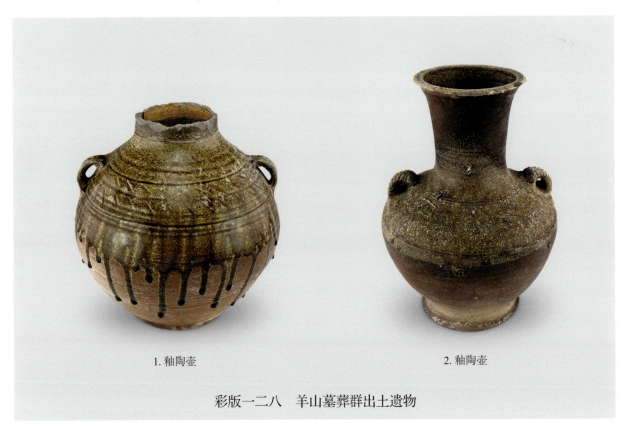

1. 釉陶壶　　　　　　　　　　　2. 釉陶壶

彩版一二八　羊山墓葬群出土遗物

曾出土陶盒、陶罐、釉陶瓿、陶鼎、陶壶等（彩版一二八、一二九）。

现羊山因开山采石形成大面积的采石坑塘和陡崖峭壁，南部被羊山寺修建而叠压。

根据墓葬形制与出土器物分析，羊山墓葬群时代为西汉中晚期。

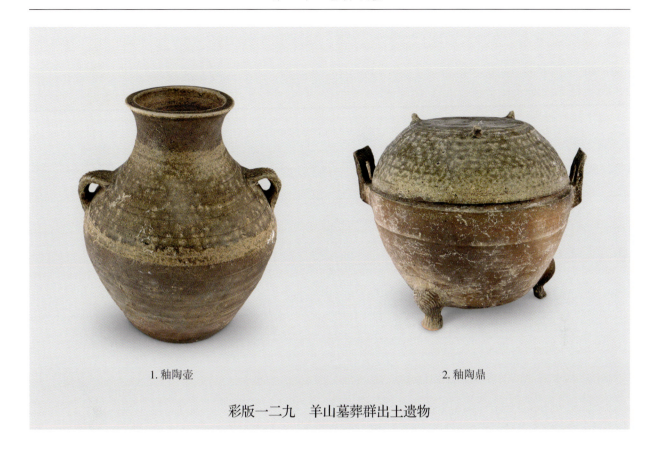

1. 釉陶壶　　　　　　　2. 釉陶鼎

彩版一二九　羊山墓葬群出土遗物

四二　青陵台古墓葬

（一）古墓葬概况

青陵台古墓葬位于睢宁县古邳镇下邳村东徐庄（图二；彩版一三〇），西南距东汉下邳故城约500、南距民便河约80米。现墓葬区域建有院落式民房，北、东为农田、树林，南侧有一小水塘。墓葬中心坐标为北纬33°8′14″、东经117°55′0″，海拔约33米。

（二）古墓葬调查

20世纪80年代，村民建房挖掘地基时发现。墓葬由青砖垒砌，分为多个墓室。墓室有大有小，小室位于两侧，大室内成人可站立。现为民居。

经勘探，墓葬存有夯筑封土，地表下约6.7米处发现有青砖。墓葬周围可见青砖块。

据村民描述，结合勘探结果，证明此处应为一座中大型砖室墓，依地表采集到的墓砖推断时代为东汉时期。

彩版一三〇　青陵台古墓葬现状（东—西）

四三　东付家古墓葬

（一）古墓葬概况

东付家古墓葬位于睢宁县官山镇黄圩东塔村东 300 米（图二；彩版一三一），东侧紧挨黄南大沟，周边为农田，中心地势略高，四周地势较为低平。墓葬区域为黄色沙土，夹杂少量石块，四周为棕黄色淤土，土质较黏。地表种植小麦。面积约 2500 米。

墓葬中心坐标为北纬 33°44′45″、东经 117°54′29″，海拔约 30 米。

（二）古墓葬调查

据走访调查得知，东付家古墓葬原有圆形封土，直径约 50、高约 3 米。因长期取土，现已为平地。地表可见零星汉代绳纹陶片，曾出土汉代铁刀。

因该区域被当地村民作为家族墓地使用，勘探受限，未发现墓葬。据地表陶片及出土铁刀判断，该墓葬时代为汉代。

彩版一三一　东付家古墓葬现状（西南—东北）

第六章　相关问题分析

通过对睢宁县全境范围内的文物普查，开展"以下邳故城遗址为中心的汉代聚落考古调查与研究"课题，使睢宁县内文物埋藏情况更加明确，我们对以下邳故城遗址为中心的汉代聚落分布情况有了详细的了解。

本次调查走访了整个睢宁县区域内 15 个镇、3 个街道，面积约 1769 平方千米。复查了三普资料内的汉代文物遗迹点 39 个，其中古墓葬遗迹点 36 个，古遗址遗迹点 3 个。此次新发现的古墓葬遗迹点 7 个，包括徐沙河墓葬群、宋山墓葬群、崔山墓葬群、韩山墓葬群、铁寺墓葬群、鲤鱼山墓葬群、青陵台古墓葬；古遗址遗迹点 2 个，分别为巨山后王遗址、东涧营遗址。睢宁县内共有汉代古墓葬遗迹点 43 个，其中带有封土墓葬 4 个（双孤堆古墓葬、九女墩墓地、青陵台古墓葬、东付家古墓葬）；河道内墓葬 3 个（新龙河墓葬群、徐沙河墓葬群、朱圩墓葬群）；农田内墓葬 1 个（西涧营墓葬群）；其余墓地皆位于低山丘陵地带。新石器时代至汉代古遗址遗迹点 1 个（鸡宝泉遗址）。汉代遗址遗迹点 2 个（巨山后王遗址、东涧营遗址）。汉代至明清遗址遗迹点 1 个（下邳故城遗址）。汉代窑址 2 个（刘楼窑址、张山窑址）。

从调查文物点的分布分析，睢宁县境内汉代文物点主要分布在地势较高的山、高地周围，分北、西北、西和南部四个区域，且北、西北、西部三个区域文物点较多且密集，南部文物点较少、稀疏。究其原因如下。

1. 黄河夺泗入淮对地形的影响

古代淮河水系，大体上是独流入海的淮河干流以及干流南北的许多支流。淮北支流主要是洪汝河、颍河、涡河和汴泗河、沂沭河等。其中支流水系变化最大的是泗水水系。古泗水源出蒙山，经曲阜、兖州、沛县至徐州东北角会汴水；又在邳州市的下邳会沂水、沭水，在宿迁以南会濉水。

1194 年，黄河决口，河水一路南侵，霸占淮河河道，淮河长期不再有入海口，史称"黄河夺淮"。黄河带来的大量泥沙使得淮河河床淤塞，行洪不畅，在河的下游形成了一片千余平方千米的广阔水域——洪泽湖。原本稳定的淮河水系出现紊乱，淮河泛滥史也就此拉开序幕，从而导致自然灾害频繁发生，或涝或旱。古泗水的上游部分与现代的泗河相似，下游部分由于黄河夺淮，已被南四湖和中运河所代替。睢宁县域在沂泗交会处，受黄河夺泗入淮的影响，县内地形地貌也发生了很大的改变，大部区域变为黄泛区，黄泛堆积层最厚达 8 米以上。

根据史料记载，1194～1855 年，661 年间黄河曾有多次决口，造成大范围的黄泛与破坏。《邳州志》载"清康熙七年六月河水大上城陷"[1]。即1668年，位于郯庐地质断裂带的鲁南莒州、郯城发生大地震，地震导致河决，造成黄河泛滥。在下邳故城勘探及城墙解剖中发现，城墙外侧存在厚度近8米的黄色淤泥堆积。地处黄河泛滥区域中的睢宁也不能避免，域内小山变低、低洼之地被填平，大部区域被深厚的黄色淤泥层叠压，致使清早期以前的古代遗迹遗物深埋于地下，不易被发现。故而，此次调查发现，域内大面积范围内没有发现文物点，文物点也与小山、高地关系密切。

2. 汉代生活、埋葬方式的影响

《管子·水地》指出："水者何也？万物之本原也，诸生之宗室也。"[2]仰韶文化半坡遗址的分布特点说明人们在新石器时代就懂得临水而居、择水而憩。随着社会生产力的提高，人类适应环境、改善环境的能力增强，水井等生活设施出现以后，人们就慢慢地减少了对河流的依赖，搬至较远的地方居住，以避水害，但仍旧离不开水，居于相对较低的区域，汉代的聚落、城址也证明了这一点。特别是城出现以后，为了用水方便和保护城内人、财安全，一般选择近水的位置，并开挖护城河来加强防御，这样城址所处的地势就会相对较低。汉代下邳城在沂泗交会处，西北邻山，这就是汉城选址的典型代表。

汉代，在地势较低、河流密集、地下水位较高的徐州地区，为了摆脱水的不利影响，墓葬一般都修筑于山顶、山坡或高地之上，这就是徐州地区汉墓多发现于山顶、山坡或高地之上的原因，现睢宁辖境亦然。故本次调查汉代墓葬发现较多，而汉代遗址较少。

3. 汉代行政区划的影响

秦并天下，在徐州一带置泗水、薛、琅琊三郡。西汉分置东海郡，改泗水为沛，改薛为鲁，分沛置楚国，以东阳属吴国。景帝置十三州，其一为徐州，统楚国及东海、琅琊、临淮、广陵四郡，下邳属东海郡。

《后汉书》卷2《明帝纪》载，永平十五年（72年）四月，"改临淮为下邳国"，封皇子衍为下邳王。《续汉志》下邳国下司马彪自注亦云："武帝置为临淮郡，永平十五年更为下邳国。"《后汉书》卷50《下邳惠王衍传》记，下邳愍王意在中平元年，"遭黄巾，弃国走。贼平复国，数月薨。子哀王宜嗣，数月薨，无子，建安十一年国除"。卷9《献帝纪》亦载，建安十一年，"齐、北海、阜陵、下邳、常山、甘陵、济北、平原八国皆除"。建安十一年（206年），下邳国除为汉郡。其间，汉顺帝永和五年（140年）至汉献帝兴平二年（195年），下邳国辖十七县，治下邳，下邳即现睢宁下邳故城遗址。由于邳位于现睢宁县古邳镇，故该地就是东汉时期的一个重要的政治中心。在该区域的调查中发现了大量的、密集的汉墓的原因，就是下邳城的存在。

通过调查及以往的发现，睢宁北部下邳故城遗址周围发现的墓葬规模较小、形制简单，陪葬品多以陶、釉陶器为主，墓主身份较低，多属于平民墓葬。作为居于汉代下邳城中的王侯、贵族

---

[1] （清）董用威、马轶群纂修：《邳州志》（咸丰）卷三，成文出版社，1970年。

[2] 黎翔凤、梁连华：《管子校注》，中华书局，2004年。

等皆葬于城址西侧 15 千米的蛟龙山周围。蛟龙山东侧现存两个大型土墩，称双孤堆。经过勘探，其结构为带有斜坡墓道的大型砖石混合结构墓葬，其前有陵园建筑。墓葬平面呈"回"字形，上有黄肠石覆顶，下为带有耳室的单砖室墓。从墓葬结构和陵园建筑分析，这两个土墩应为汉代下邳王陵。其西 2 千米处蛟龙山南侧另有一处汉代墓地——刘楼墓葬群。考古发掘证明，该处为东汉时期高等级贵族墓地。由于蛟龙山东、南两个区域为东汉时期下邳国王陵及贵族墓葬集中区，在该区域发现大量汉代墓葬就不足为奇，这即为在睢宁北部发现大量、密集的汉代遗存的原因。

东汉下邳国辖 17 县，其中取虑县城位于今睢宁县南，也是人口密集之地，故睢宁县南发现的大量汉代遗存可能与取虑县有关。同理，在睢宁县西部发现的大量汉代遗存可能与该地区的另一汉代县城或聚落有关。

下邳故城在楚汉之际为楚王韩信的都城，东汉和魏晋时是下邳国的都城所在，其后刘裕起兵下邳，最后建立刘宋，成为开国皇帝，使下邳成为汉魏六朝时期的重镇，其后下邳作为县存在，延续至清康熙七年（1668 年）被黄河泛滥淹没。

聚落、城址、墓葬研究作为汉代考古的重要内容，是研究汉代社会的重要资料和基础。由于长期黄泛的影响，大量汉代遗存被叠压于黄泛层之下，对本次调查造成了严重的影响。基于现有的调查成果，可以对汉代下邳国有一些初步的认识和了解。

作为汉代行政组织体系中的国、县、乡的研究现仍处于开始阶段，仅是从历史文献角度的研究，未有考古资料的证据。本次调查最重要的是找到了研究汉代行政组织的相关城址聚落。调查确认，下邳故城作为汉代下邳国的国都治所，其下有作为县一级行政单位的有司吾侯国治所——司吾城遗址，还有东汉时期下邳国的县——取虑城。通过这些线索，可逐步对其进行适当的考古勘探和试掘，掌握其城址形制、规模、内涵，探索各级城址之间的异同，再通过调查、勘探寻找更低级的城址、聚落，了解东汉时期下邳国都城、侯国治所、县、乡等行政单位，为汉代聚落考古研究提供重要支撑。

参考文献

（一）历史文献

（1）刘利、纪凌云译注：《左传》，中华书局，2006年。

（2）（西汉）司马迁：《史记》，中华书局，1959年。

（3）（东汉）班固：《汉书》，中华书局，1962年。

（4）（西晋）陈寿撰、（南朝宋）裴松之注：《三国志》，中华书局，2011年。

（5）（北魏）郦道元撰、陈桥驿译注、王东补注：《水经注》，中华书局，2016年。

（6）（刘宋）范晔撰、（唐）李贤等注：《后汉书》，中华书局，1965年。

（7）（唐）房玄龄等撰：《晋书》，中华书局，1974年。

（8）（清）董用威、鲁一同等纂修：《邳州志》，成文出版社，1970年。

（9）（清）吴世熊、朱忻修、刘庠、方骏谟纂：《徐州府志》，《江苏历代方志全书》，凤凰出版社，2018年。

（二）研究著作

（1）周振鹤：《西汉政区地理》，人民出版社，1987年。

（2）李晓杰：《东汉政区地理》，山东教育出版社，1999年。

（3）唐云俊、束有春：《江苏文物古迹通览》，上海古籍出版社，2000年。

（4）赵明奇：《徐州古方志丛书》，中华书局，2014年。

（5）王慧芬：《中国文物地图集（江苏分册）》，中国地图出版社，2008年。

（三）研究论文

（1）徐娟：《下邳国王陵初考》，《丝绸之路》2013年第2期。

（2）何旭：《徐州睢宁下邳故城研究》，《长春理工大学学报（高教版）》2009年第4期。

（3）刘尊志：《徐州睢宁刘楼东汉M1的形制与葬人问题探析》，《中原文物》2023年第1期。

（4）姬长飞、马永强：《睢宁古邳与下邳故城》，《大众考古》2018年第11期。

（5）徐娟、孟强、姬长飞：《画像石中的汉代下邳国》，《大众考古》2023年第2期。

（6）刘清瑶：《浅谈睢宁九女墩墓汉画像石的艺术图式》，《文物天地》2022 年第 11 期。

（四）考古报告、简报

（1）南京博物院、徐州博物馆、连云港市文物保护研究所：《江苏徐海地区汉代城址调查简报》，《东南文化》2014 年第 5 期。

（2）南京博物院、睢宁县博物馆：《江苏睢宁下邳故城遗址 2014 ～ 2018 年考古调查、勘探、发掘简报》，《东南文化》2022 年第 4 期。

（3）李鑑昭：《江苏睢宁九女墩汉墓清理简报》，《考古通讯》1955 年第 2 期。

（4）睢文、南波：《江苏省睢宁县刘楼东汉墓清理简报》，《文物资料丛刊·4》，文物出版社，1981 年。

（5）仝泽荣：《江苏睢宁距山、二龙山汉墓群调查》，《东南文化》1993 年第 4 期。

（6）尹焕章、赵青芳：《淮阴地区考古调查》，《考古》1963 年第 1 期。

（7）李虎仁、田名利、孟强：《1991 年徐州考古调查简报》，《东南文化》1997 年第 4 期。

（8）仝泽荣：《江苏睢宁墓山汉画像石墓》，《文物》1997 年第 9 期。

（9）仝泽荣、盛储彬：《睢宁县刘楼二号东汉墓》，《中国考古学年鉴·1997》，文物出版社，1999 年。

后　记

　　2014年，为了遗址保护规划的制定，睢宁县文广新体局邀请南京博物院进行下邳故城遗址调查、勘探工作。我第一次踏进古邳镇，初次走进下邳。迄今，已经十一年了，下邳故城也从一普、二普、三普的简短的描述材料变成了可见、可触摸的实实在在的城址，考古工作也取得了一定的收获。其间，曾因以前调查资料的误导意欲退缩，也曾因汉代城址的久觅不得而彷徨，也曾因发掘中工地大量积水和不断塌方而犹豫。在时任考古所所长林留根的鼓励与支持下，一步一步地走了过来，下邳故城遗址的考古工作逐渐步入了正轨。回想这十年，是我人生中最黄金的十年，也是下邳故城从发现、确认到平面布局趋于完整探索的十年，也是下邳历史不断重现的十年，更是下邳文化获得新生的十年。这就是坚持的力量，是坚持的成果。

　　感谢为此课题研究而费心费力的李民昌先生、林留根先生、李虎仁先生！

　　以下邳故城遗址为中心的汉代聚落考古调查与研究主要是为了配合下邳故城遗址发掘研究而进行的必要工作，并获批江苏省文物科研课题。课题进行中，课题组主要成员徐勇、姬长飞、吕真理、刘乃良、魏胜云、李高志等克服困难，不惧风雨，在不到一年的时间里，步行踏查、勘探了睢宁县每个乡镇，足迹遍布睢宁辖域每个角落，发现了新的文物点，取得了重要收获，为下邳故城乃至于汉代下邳国的研究提供了重要线索和资料（《煎药庙西晋墓地》作为西晋时期下邳国贵族家族墓地发掘报告，与下邳故城遗址有直接的关系，属汉晋时期下邳国的研究成果。因其出版时间较早，可为汉晋下邳国考古研究之一，故本报告被列为汉晋下邳国考古研究之二）。

　　本报告主要由姬长飞负责编撰，吕真理、徐娟、徐勇协助编写，最后出马永强统稿。

　　感谢参加考古调查、勘探、整理、编撰的所有工作人员。

　　感谢文物出版社责编为本报告的出版付出的辛苦劳动。

马永强